DIE WELT DES DR. HOHENADL

Werner Thuswaldner

Die Welt des Dr. Hohenadl

Ansichten eines
gelernten Österreichers

ecoWIN

1. Auflage
© 2019 Ecowin Verlag bei Benevento Publishing Salzburg–München, eine Marke der Red Bull Media House GmbH, Wals bei Salzburg

Gesetzt aus der Palatino, Narziss, Effra, Berling BQ

Medieninhaber, Verleger und Herausgeber:
Red Bull Media House GmbH
Oberst-Lepperdinger-Straße 11–15
5071 Wals bei Salzburg, Österreich

Satz: MEDIA DESIGN: RIZNER.AT
Umschlaggestaltung: Hauptmann & Kompanie Werbeagentur, Zürich
Lektorat: Maria-Christine Leitgeb
Printed in Germany
ISBN 978-3-7110-0232-7

Inhalt

Dr. Hohenadl
und seine beiden Brüder

Jeder der drei Hohenadl-Söhne musste Jus studieren. Das hatte der Vater so bestimmt. Die Schulzeit hatte jeder von den dreien in einem katholischen Internat verbracht: der Ältere im Linzer Petrinum, der Mittlere bei den Zisterziensern in Bregenz, der Jüngere bei den Benediktinern in Kremsmünster. Erst nach dem Doktorat sollten sie alle mit einer lebenslangen Versorgung ausgestattet werden. Das Jusstudium war wie so oft in Österreich nicht ernst gemeint, aber es war der einfachste Weg, um zu einem Doktortitel zu gelangen. Der Titel sollte die drei Brüder vor Geringschätzung durch die Gesellschaft schützen. So dachte der Vater aufgrund seiner Erfahrungen.

Außenstehende behaupteten gelegentlich, die Hohenadl-Brüder seien Nichtstuer, die von einem großen Erbe lebten. Sie ließen es sich gut gehen, weil sie lebenslänglich mit einer monatlichen Apanage rechnen konnten. Das war aber nicht richtig. In Wahrheit verstand sich der Vater als Sozialreformer. Er verwirklichte innerhalb der Familie ein Modell, das ein Vorbild für den Staat hätte werden sollen, der Politik fehlte jedoch der Mut dazu. Es blieb bei unergiebigen Diskussionen. Die Hohenadl-Familie dagegen war ihrer Zeit voraus und setzte die Idee eines bedingungslosen Grundeinkommens in die Praxis um. Der Vater war ernsthaft der Meinung, ein Beispiel zu setzen und dieses ideale Mittel zur Existenzsicherung werde Furore machen.

Er legte seinen Söhnen jedoch dringend nahe, geistige Arbeit nicht zu scheuen. Dazu seien sie der Gesellschaft verpflichtet. Sie sollten so wie er den scheinbaren Müßiggang kultivieren, in Wirklichkeit aber die geistige Anstrengung jederzeit auf sich nehmen. Der Vater lag fast den ganzen Tag auf einer Chaiselongue und schaute in die Luft, ohne etwas zu lesen, ohne etwas zu hören. Das sah äußerlich nach Untätigkeit aus, war es aber nicht. Die Dialoge beschränkte er auf das Allernötigste. Im Sommer hatte er meist eine Fliegenklatsche in der Hand. Mit ihr ließ er sich, wenn er ein Summen hörte, manchmal zu einer überraschenden Aktion hinreißen, die ihn jeweils sehr erschöpfte. Auf Fragen zu seiner Lebensweise hatte er eine stereotype Antwort parat: »Alles spielt sich im Kopf ab – philosophisch.«

Die Mutter saß nach ihren vormittäglichen Arztbesuchen die meiste Zeit im Büro und wollte keinesfalls gestört werden, wenn sie aus ihren abonnierten Gesundheitsmagazinen Krankheiten, von denen sie noch nie gehört hatte, in eine Liste eintrug. Sie gab sich viel Mühe, in einer eigenen Rubrik auch die dazugehörigen Symptome zu vermerken.

Ein Vermögensverwalter bekam die Aufgabe, ein Auge auf die drei Brüder zu haben und danach zu sehen, wie weit sie den Empfehlungen des Vaters folgten. Er hatte die Vollmacht, bei offensichtlichen Verstößen die monatlichen Zuwendungen, die auf keinen Fall »Apanage« heißen sollten, zu kürzen oder gar einzubehalten.

Während sie in der Schule waren, freuten sich die Brüder auf die Zeit des Nichtstuns und waren fest davon überzeugt, dass sie es darin weit bringen würden. Bis dahin, so hofften sie, werde sich auch in ihren Köpfen genügend abspielen, womit sie den Vorstellungen ihres Vaters entsprechen wollten.

Tatsächlich schien es ihnen, als die Zeit gekommen war, zunächst leicht zu fallen, die Tage totzuschlagen. Der Ältere sicherte sich nach dem Tod des Vaters die Chaiselongue. Nach heftigen Auseinandersetzungen mit seinen Brüdern schaffte er die Liege in seine Wohnung. Von da an verbrachte er viele Stunden darauf und döste vor sich hin, allerdings ohne dass sich sehr viel in seinem Kopf abspielte, schon gar nichts Philosophisches. Es sah nicht authentisch aus, wie er auf der Chaiselongue lag, und die Fliegenklatsche handhabe er ungeschickt, bei Weitem nicht so souverän wie einst sein Vater.

Der Mittlere machte sich müde, indem er den ganzen Vormittag schnellen Schritts durch die Innenstadt ging. Daran war etwas Unehrliches. Gut, er benahm sich nicht wie ein Flaneur, spielte also nicht eine Rolle, blickte nicht in die Schaufenster, sondern ging zielstrebig dahin. Im Grunde aber hatte sein Gehabe etwas Unechtes, denn er wollte, ohne es sich einzugestehen, jenen auf der Straße gleichen, die ein Ziel hatten, etwa zu einem Termin unterwegs waren und sich gedanklich darauf vorbereiteten. Er kaschierte nur recht und schlecht seinen eindeutigen Wunsch nach einer womöglich sinnvollen Tätigkeit.

Als Dr. Hohenadl, der Jüngere, nach seinem Doktorat mit dem wahren Leben begann, zog er sich in das Sommerhäuschen der Familie in die Lobau zurück. Dort sah er dem Gärtner bei der Arbeit zu, beobachtete die Fische im Weiher und die Insekten, die in den Garten geflogen kamen. Er versuchte, sich für die Natur zu begeistern, und fing an,

Aufzeichnungen über seine Beobachtungen zu machen, aber als er feststellte, dass er dabei immer wieder einschlief, ließ er es bleiben und freute sich darüber, weil er diese Müdigkeit als Fortschritt in der Vervollkommnung des Müßiggangs wertete. Im Spätherbst musste er, weil das Sommerhäuschen nicht geheizt werden konnte, zurück in seine Wiener Wohnung am Loquaiplatz. Er ging von einem Raum in den anderen, blieb an den Fenstern stehen und schaute stundenlang hinaus. An der Fassade des Hauses über der Straße kannte er jedes Detail. Er hätte sie mit verbundenen Augen zeichnen können. Die Tauben, die auf dem Sims spazieren gingen, unterschied er genau, gab ihnen Namen wie Robert und Gudrun und freute sich, wenn sie nach längerer Abwesenheit, die ihm nicht entging, Junge mitbrachten.

Alle drei Brüder vermieden es, einen Bekanntenkreis aufzubauen, aus Angst, sie könnten von jemandem, der sich in ihr Vertrauen schlich, überredet werden, einmal etwas Sinnvolles zu tun. Zur Überraschung der beiden anderen heiratete der Ältere. Die Frau stammte aus einer angesehenen Hamburger Familie und war sehr reich, was den großen Vorteil hatte, dass das Wort Arbeit in ihrem Sprachgebrauch gar nicht vorkam. Die Frau lag auf einer zweiten Chaiselongue, einem Nachbau jener aus Vaters Wohnung.

Der Ältere war dann auch der Erste, der sich aus dem Zustand des Nichtstuns löste. Er fing an, mit seiner Frau zu reisen. Die beiden hatten eine große Weltkarte, auf der sie die Routen festlegten. Die Fahrten sollten jeweils mit gemieteten Geländewagen erfolgen. Der erklärte Ehrgeiz bestand darin, jedes Land der Erde zu queren. Der Ältere erklärte sein Vorhaben damit, dass er den Müßiggang auf eine höhere Ebene heben wolle, aus dem Müßiggang solle eben eine Müßig*fahrt* werden. Und zum Beweis dafür, dass in dem Ganzen so wie beim Vater eine philosophische Haltung zugrunde lag, fand er ein Motto: *Erfahrung erfahren*. Darauf war er sehr stolz. Die anderen Brüder ließen sich davon überzeugen. *Erfahrung erfahren*, so lautete dann auch der Titel der Berichte, die der Ältere nach den Reisen zu Papier brachte. Darin stand, wie kompliziert die Einreisebedingungen in das jeweilige Land waren und wie viel Zeit bei der Prozedur verloren ging. Mindestens so umfangreich waren die Ausführungen zu den Spritpreisen. Die Unterschiede empörten den Älteren oft, der nicht einsah, warum er in Venezuela, einem Ölland, mehr für den Diesel bezahlen sollte als zuvor in Peru. Grund zur Klage gab es auch vielfach über den Zustand der Straßen. Von den Unterkünften gar nicht zu reden. Aus Indien kam er mit einer Glatze zurück. Dies nährte bei seinen Brüdern den Verdacht, dass er, wie viele Inderinnen das zu tun pflegten, sein Haar verkauft hätte.

Die Menschen in den verschiedenen Ländern schien das Ehepaar auf seinen Reisen gemieden zu haben. Darüber, wie sie lebten, und über ihre Kultur stand nichts in den Berichten. Die zentrale Erkenntnis, das Konzentrat an Erfahrung, das der Ältere gemeinsam mit seiner Frau nach Abschluss des mehrjährigen Weltreiseprojekts erfahren hatte, bestand in der Feststellung, dass in fast allen Erdteilen noch die größten Anstrengungen unternommen werden müssten, um annähernd jenen Grad an Sauberkeit zu erreichen, der in Wien bereits Standard sei. Das Ehepaar war ein bisschen gekränkt, weil kein Mensch diese Berichte lesen wollte.

Der Mittlere hielt das Nichtstun lange aus. Das zügige Gehen in der Innenstadt machte ihn gehörig müde. Dies war der Grund, warum er mehr Schlaf brauchte als gewöhnliche Leute. Der Schlaf ersparte ihm die Entscheidung, etwas zu tun oder nicht zu tun. Mit der Zeit stellte er fest, dass er auf seinen Wegen durch die Stadt oft täglich denselben Menschen begegnete und dass ihn kritische Blicke trafen. Fast gewann er den Eindruck, man halte ihn für nicht normal und betrachte ihn als einen Sonderling. Diesen Eindruck wollte er auf alle Fälle vermeiden. Deshalb stellte er seine zügigen Spaziergänge von einem Tag auf den andern ein und blieb fortan zu Hause. Er überlegte, ob er sich nicht auch eine Chaiselongue anschaffen sollte. Aber dann stieß er plötzlich ohne großes Nachdenken auf seine Lebensaufgabe, die ihn in der Folge auslastete: Er entdeckte Radiosendungen, in denen sich die Hörer zu Wort melden konnten. Aus Dr. Hohenadl, dem Mittleren, wurde ein engagierter Zeitgenosse, der sich in sämtliche Radiodebatten einmischte. Es war ihm egal, ob es um Unkrautbekämpfung im Garten ging oder um die Privatisierung der Wasserversorgung, um die Rückfallquote bei jugendlichen Entzugskandidaten oder die psychischen Störungen zölibatär lebender Priester. Zur Überzahl an Baustellen auf der Autobahn hatte er ebenso etwas zu sagen wie zu den Milchüberschüssen in der Landwirtschaft. Dass er in allen diesen Themen ahnungslos war, verstand er recht gut zu kaschieren.

Den Brüdern war es peinlich, wann immer sie das Radio einschalteten, die Stimme ihres Bruders zu hören. Sie hassten es, wie er vorgab, der Allwissende zu sein und seinen Äußerungen wie unter Zwang eine humoristische Note geben wollte.

Nach einiger Zeit schien es dem Mittleren, er werde vom jeweils zuständigen Redakteur nur mehr ungern in die Gesprächsrunde zugeschaltet. Also rief er seitdem unter verschiedenen Namen an und verstellte die Stimme. Als sein Trick von den Sendestationen durchschaut wurde, hatte er keine Chance mehr. Er blieb mit seinen Anrufen in einer Warteschleife stecken und kam nicht mehr an die Reihe. Es dauerte fast zwei Jahre, bis er resignierte und von da an sein umfassendes Wissen für sich behielt.

Inzwischen hatte er auf einem Flohmarkt in Simmering ein Paar Handzimbeln erstanden. Er wollte lernen, darauf zu spielen. Freilich fehlte es, wie er herausfand, an Notenmaterial. Die Komponisten schienen die Handzimbeln gering geschätzt zu haben. Das entmutigte Dr. Hohenadl, den Mittleren, aber nicht. Er traute sich durchaus zu, mit seinem Einsatz für die Handzimbeln einen Umschwung in der Meinungsbildung auszulösen. Von da an verwendete er seine ganze Kraft darauf, einen Lehrer zu finden. Das wurde zu seiner neuen Lebensaufgabe.

Bei Dr. Hohenadl, dem Jüngeren, dauerte es ein Jahr, bis der Neid auf seine Mitmenschen, die um acht Uhr morgens aus dem Haus und zur Arbeit gingen, ins Unermessliche wuchs. Er suchte krampfhaft nach einer Lösung. *Lösung*, ja, das war das Stichwort. Im Postkasten fand er wöchentlich eine Gratiszeitung. Darin war ein Kreuzworträtsel abgedruckt. Wie ein Verdurstender machte sich Dr. Hohenadl darüber her. »Badestrand in Honolulu« lautete die Frage eins, senkrecht. Dr. Hohenadl kriegte die Antwort heraus. Mehr Anstrengung kostete es ihn, als nach dem »abgelaichten Hering« gefragt wurde. Aber auch daran scheiterte Dr. Hohenadl nicht. Durch sechs, waagrecht, »bogenförmiger Skelettteil« fühlte er sich geradezu unterfordert. In drei Tagen war das Kreuzworträtsel gelöst, aber es dauerte nur deshalb so lang, weil er viele Pausen gemacht hatte, um nicht zu schnell fertig zu werden. Voller Ungeduld wartete er auf die nächste Ausgabe der Gratiszeitung. Auf diese Weise, dachte er, würde er bis ins hohe Alter geistig in Schwung bleiben.

Aber bereits nach eineinhalb Jahren konnte Dr. Hohenadl seine Ungeduld immer weniger zügeln, er kürzte voller Unternehmungsdrang die Pausen, die er sich zwischen den einzelnen Fragen verordnet hatte, derart ab, dass das Kreuzworträtsel schon nach einem halben Tag erledigt war. Zum Glück entdeckte er, dass in der Gratiszeitung auch ein Horoskop abgedruckt war. Er fing an, es genau zu studieren. Nicht bloß den Steinbock-Abschnitt, von dem er sich persönlich hätte betroffen fühlen sollen – er glaubte nicht an Horoskope –, sondern alle Texte. Von Woche zu Woche verfolgte er genau, wie es den Zwillingen erging, den Krebsen, den Jungfrauen und so weiter. Er nahm Anteil an ihrem Schicksal. Die Horoskope beschäftigten ihn so lange, bis er feststellte, dass sich die Texte wiederholten, dass sie nach einiger Zeit bloß neu gemischt wurden. Was vor einem halben Jahr dem Wassermann zugestoßen war, erlebte nun die Jungfrau, und der Löwe erlitt das Schicksal, das vor Monaten der Skorpion zu bestehen hatte. Diese Entdeckung enttäuschte Dr. Hohenadl zutiefst. Sein Vertrauen in die journalistische Integrität im Allgemeinen und in die der Gratiszeitung im Besonderen war erschüttert.

Er gab die Suche nach einer befriedigenden Tätigkeit nicht auf. Zwei Wochen lang ging er in ein Altenheim, um betagten Menschen Geschichten vorzulesen. Gleich anschließend meldete er sich beim Tierasyl in Vösendorf und führte drei Wochen lang regelmäßig verstoßene Hunde spazieren.

Ihren Blick zu sehen, jedes Mal, wenn sie wieder zurück in den Zwinger mussten, ertrug er nicht länger.

Es kamen harte Zeiten auf die drei Brüder zu. Dem Passus des Nichtstuns zu entsprechen, war das eine, die zunehmende Angst zu beschwichtigen, die dadurch entstand, dass die Turbulenzen auf dem Finanzmarkt den Wert ihres »arbeitslosen Einkommens« drastisch zu schmälern drohten, das andere. Einer wollte seine Sorgen dem anderen nicht eingestehen. So redeten sie bei einem ihrer seltenen Treffen um den heißen Brei herum. Bis das Stichwort *Brüssel* fiel. Es entspann sich eine lange Diskussion darüber, ob eine Tätigkeit als Diplomat in Brüssel als Arbeit eingestuft werden würde oder nicht. Letztlich trat keiner der drei dieser Idee näher. Der Grund? Alle drei blickten mit Neid auf die Erwerbstätigen, für die eine Gewerkschaft die Arbeitnehmerrechte verteidigte. Hie und da beschlich sie sogar das Gefühl der Nutzlosigkeit. Aber auf der anderen Seite hatten sie sich schon so viel Faulheit antrainiert, dass sie keine Gedanken an die übliche Art des Broterwerbs verschwendeten. Zugleich wussten sie genau, dass Faulheit etwas ganz anderes war als der Müßiggang, den ihnen ihr Vater vorgelebt hatte. So machten sie sich bei ihren Treffen gegenseitig Mut, weiter durchzuhalten.

Dr. Hohenadl, der Jüngere, fing an, Ideen, Sparideen vor allem, auszubrüten, mit deren Hilfe er über die Runden kommen wollte. Die Erfolge, die sich einstellten, machten ihm Mut. Er war überrascht, wie viele Möglichkeiten es gab, der Verschwendung entgegenzutreten. Hätte ihm jemand gesagt, er sei ein schrulliger Knicker, ein Geizhals, einer, der sich kasteie wie ein Trappist, hätte er nur gelacht. Denn er wusste, warum er nicht mit der Masse der Konsumidioten schwamm. Woher kamen denn die unlösbaren Probleme der bis über die Ohren verschuldeten Staaten? Weil die Menschen, geleitet von schlechter, unverantwortlicher Politik, zur Verschwendung angehalten worden waren. Ihm war längst bewusst, dass ungehemmtes Wachstum und ungehemmter Verbrauch direkt in die Katastrophe führen. Mit seiner Lebensform wollte er nachdrücklich auf Alternativen hinweisen. Er kam sich als ein Vorbild für die anderen vor, dem sie sich früher oder später aus reinem Zwang würden anschließen müssen. Das Überlegenheitsgefühl entschädigte ihn im Übermaß für die kleinen Einschränkungen, die er im Alltag in Kauf nahm.

So weit, so gut. Was er allerdings nicht vermeiden konnte, war, dass die Angst vor völliger Verarmung zu einem permanenten Lebensbegleiter für ihn wurde …

Dr. Hohenadl
will Geld verdienen

Dr. Hohenadl hatte sich zum passionierten Radfahrer entwickelt. Inzwischen glaubte er, ein sportlicher Typ zu sein. Das Radfahren betrieb er ausdrücklich als Sport, und niemand sollte auf den Gedanken kommen, er fahre mit dem Rad, weil er sich das Geld für die Wiener Linien sparen wolle. Das würde er jedem gegenüber weit von sich weisen. Er gab es ja nicht einmal vor seinem eigenen Gewissen zu. Nur selten war er wegen extrem schlechten Wetters dazu gezwungen, auf das Rad zu verzichten. Dann fuhr er notgedrungen mit der U-Bahn. Selbstverständlich ohne zu zahlen. Für U-Bahn, Bus oder Straßenbahn zahlen zu müssen, hätte er als Zumutung empfunden. Sie nannten sich gemeinhin *Wiener Linien*. Nun, war er nicht Wiener? Damit betrachtete er sich gleichsam als Mitbesitzer der *Wiener Linien*. Ja, dass Leute aus den Bundesländern oder gar aus dem Ausland zahlen mussten, das leuchtete ihm ein, das war absolut richtig. Aber doch nicht Wiener!

Das Rad hatte ihm gleichsam der Himmel geschickt. Wie ein Präsent stand es drei Wochen lang vor dem Haus und wurde, obwohl es nicht abgesperrt war, nicht gestohlen. Es lag nahe, an einen überirdischen Schutz zu glauben. In der Katholischen Kirche hätte dieser Umstand gereicht, um den Prozess der Seligsprechung einzuleiten. Dr. Hohenadl sah es sich jedes Mal, wenn er daran vorbei ging, genau an. Das Rad war von Tag zu Tag mehr gefährdet, denn die Magistratsabteilung 48 schickte täglich Patrouillen aus, mit dem Auftrag, herrenlose Fahrräder aufzuspüren. An den herrenlosen Rädern brachten die Patrouillen Flugzettel an, auf denen die Besitzer aufgefordert wurden, sich um ihre Habe zu kümmern. Nach vier Wochen drohte die Entsorgung durch den Magistrat.

Dr. Hohenadl wartete angespannt diese Frist ab. Am Ende der vierten Woche schob er das Rad ins Haus. Damit ging es in seinen Besitz über. Und es bekam einen Namen. Diesen Namen hatte Dr. Hohenadl schon lange im Kopf, aber erst jetzt wurde er offiziell: Marie.

Es war nicht das jüngste Modell, hatte aber einen ausgesprochen jugendlichen Charakter. Ein Waffenrad. So stand es in Jugendstil-Buchstaben auf der mit Ranken verzierten großen Zahnradscheibe. Kräftig gebaut, aber doch mit einer gewissen Anmut begabt. Den Reifen fehlte es an Luft, der schwarze Lack war da und dort abgesplittert, im Übrigen aber schien außer der Klingel nichts zu fehlen. Es war die Damenausführung. Das würde ihn, dachte Dr. Hohenadl, nicht im Geringsten stören und den Eindruck des Sportlichen, den er erwecken wollte, kaum beeinträchtigen. Es war also die ganze Zeit nicht herrenlos gewesen, sondern, genau genommen, herrinnenlos. Was war geschehen? Hatte die Herrin die Lust am Fahrrad verloren? War sie spontan ausgewandert? Eingesperrt worden? Vielleicht hatte sie auch nur reich geheiratet. Die Frage, welches Hinterteil den Sattel des Rads belastet hatte, seine Form, sein Gewicht, die Grazie oder Robustheit, beschäftigte Dr. Hohenadl noch lang.

Eines Abends nach Einbruch der Dunkelheit, als die Luft rein war, stieg Dr. Hohenadl auf. Er probierte die Bremsen aus, schaukelte ein wenig und war hoch zufrieden. Die zwei Spiralfedern unter dem Sattel sorgten, wie ihm vorkam, für Sitzkomfort. Am nächsten Abend drehte er eine kleine Runde um den Häuserblock. Die Probefahrt fiel sehr positiv aus, wenn auch der fehlende Reifendruck das Vergnügen ein wenig beeinträchtigte. Dr. Hohenadl, begabt mit einer starken Fantasie, dachte ihn sich dazu.

Er wartete noch eine Woche zu und ging dann zu einem Fahrradgeschäft. Dort erkundigte er sich zuerst danach, was ein Waffenrad in gut erhaltenem Zustand kosten würde. Denn Dr. Hohenadl war noch nicht entschlossen, ob er das Fahrrad behalten oder zu Geld machen sollte.

»Bringen S' es vorbei, dann schau ma es uns an«, sagte der düster dreinblickende Verkäufer, dessen Sprachmelodie einen angenehmen französischen Klang hatte, denn der ganze Satz hörte sich wie aus einem Guss an. Dr. Hohenadl erwarb die billigste Luftpumpe und die billigste Klingel. Am teuersten war das Schloss. Diese Ausgabe schmerzte Dr. Hohenadl. Er tröstete sich damit, dass er nach vielen, vielen Jahren, wenn er das Radfahren aus Altersgründen würde aufgeben müssen, durch den Verkauf wieder zu seinem Geld kommen würde. Dr. Hohenadl war zuversichtlich. Die Aussicht, Marie verkaufen zu können, wenn nicht an einen Händler, so an eines der Fahrradmuseen Altmünster, Retz oder Ybbs stimmte ihn fröhlich.

Lang sah er sich das Angebot an Fahrradhelmen an. Einen probierte er auf, sah sich damit im Spiegel und erschrak, weil er sich nicht sofort wiedererkannte. Letztlich verzichtete er auf den Helm, weil er das Geldausgeben nicht übertreiben wollte. Nach einer Phase finanzieller Erholung wollte er sich zusätzlich einen Gepäckkorb anschaffen.

Lange überlegte Dr. Hohenadl, ob er vor allem zivil oder ähnlich wie ein Profiradfahrer unterwegs sein wollte. Für die zweite Variante würde er unbedingt auf den Helm sparen müssen. Und eine eng anliegende, schwarze Radlerhose würde er zwangsläufig auch brauchen. Für dieses Detail hatte er schon eine Lösung parat: Er war entschlossen, eine schwarze Strumpfhose, die er gelegentlich im Winter unter der Überhose anzog, zu kürzen. Kein kleines Opfer. Die abgetrennten Teile, so überlegte er, würden sich wohl als Strümpfe weiterverwenden lassen. Jedenfalls war er bereit, Marie zuliebe dieses Opfer zu bringen.

Dr. Hohenadl putzte Marie, seit sie ihm gehörte, sorgfältig. Er überwand sich sogar nach langem Schwanken und kaufte die kleinste Dose Lack, um die abgeplatzten Stellen mit einem feinen Pinsel auszubessern, und ließ es dabei nicht bewenden. Er sparte nicht mit Öl und ölte nach einer sorgfältigen Reinigung mit einem weichen Tuch, was es an Marie nur zu ölen gab. Ein Außenstehender hätte es übertrieben gefunden. Liebevoll strich Dr. Hohenadl über Maries Gestänge.

Sportlich sah es nicht aus, wie Dr. Hohenadl auf dem Rad saß, denn der Rücken war kerzengerade und nicht wie bei den echten Sportlern gekrümmt, um die ideale aerodynamische Linie zu finden. Erst strampelte Dr. Hohenadl noch recht unbeholfen auf Marie, aber er gewann an Routine. Mit mehr Geschick, als zu erwarten gewesen wäre, steuerte er durch den manchmal dichten Verkehr in Wiens Innenstadt.

So wie andere einen Kilometerzähler nützten, um die bewältigte Leistung zu quantifizieren, führte Dr. Hohenadl im Kopf einen Rechner mit sich, der ihm jederzeit sagte, wie viel an Fahrgeld er sich schon mit dem Rad gespart hatte. Nicht zuletzt deshalb wuchs seine Genugtuung darüber, dass er Marie erworben hatte, von Tag zu Tag. Dr. Hohenadl und Marie wurden ein Paar, das eine innige Vertrautheit verband. Hätte er nicht im dritten Stock gewohnt, hätte Marie ganz bestimmt in Dr. Hohenadls Wohnung gedurft.

Es geschah auf der Mariahilferstraße, auf der damals noch Autos verkehren durften. Dr. Hohenadl fuhr stadteinwärts. Plötzlich tat sich vor ihm die Tür eines parkenden Autos auf und er krachte mit Marie hinein. Beide lagen sie da, Dr. Hohenadl hielt sich das Knie. Der Autofahrer sprang aus seinem Wagen und schlug die Hände über dem Kopf zusammen. Passanten eilten herbei. Dr. Hohenadl hörte, wie mehrere Stimmen »Polizei« sagten. Der Autofahrer half Dr. Hohenadl auf die Beine. Die Hose war eingerissen. Jemand hob Marie vom Boden auf. Dr. Hohenadl erfasste mit einem Blick, dass sie heil davongekommen war. Der Autofahrer stellte sich als Dr. Svoboda, Zahnarzt aus Meidling, vor und wiederholte mehrmals, wie leid es ihm tue. Vor lauter Schreck sagte Dr. Hohenadl nichts. Der Zahnarzt nahm einen Schein und eine Visitenkarte aus seiner Geldtasche und schwenkte beides vor Dr. Hohenadls Gesicht in der Luft. »Schmerzensgeld«, sagte der Meidlinger Zahnarzt, der etwas von Schmerzen verstand, »und für die Reparatur der Hose«.

Dr. Hohenadl steckte den Schein wortlos ein, und der Zahnarzt schaute, was seine Autotür abgekriegt hatte. Die Passanten verloren das Interesse an der Szene. Dr. Hohenadl verließ, humpelnd und Marie schiebend, den Schauplatz und ging ganz normal weiter, nachdem er in die Otto-Bauer-Gasse eingebogen war, denn der Schmerz, den er spürte, war so gering, dass er nicht sagen hätte können, ob das linke oder das rechte Bein davon betroffen war.

Erst daheim überprüfte Dr. Hohenadl, welche Art Geldschein ihm der Zahnarzt gegeben hatte. Es war ein Hunderter. Er zog davon den zu erwartenden Betrag für die Reparatur der Hose ab und freute sich wie ein Schneekönig über den erzielten Gewinn. Er überlegt, ob er schon einmal in seinem Leben mit einem Schlag so viel Geld verdient hatte. Nein, dachte er, als Verdienst, als Einkommen, wollte Dr. Hohenadl den Betrag nicht sehen. Damit hätte er seine monatliche Apanage gefährdet. Hatte der Zahnarzt aus Meidling nicht von Schmerzensgeld gesprochen? Dr. Hohenadl beschloss, ein reines Gewissen zu haben.

In den nächsten Tagen reifte in seinem Kopf eine Idee heran. An einem Vormittag zog er eine Hose, die er schon aussortiert hatte, an und postierte sich mit Marie auf der Mariahilferstraße, dort, wo die Webgasse abzweigte, und beobachtete den Verkehr. An diesem Tag klappte es nicht. Doch Dr. Hohenadl gab nicht auf, und schon am zweiten Tag stellte sich der Erfolg ein. Von seiner Position an der Kreuzung Webgasse aus sah er, wie ein stadteinwärts fahrendes Auto das Tempo verlangsamte. Dr. Hohenadl startete Marie und beobachtete, wie das Auto anhielt. Jetzt war exaktes Timing gefragt. Die Autotür ging auf, und Dr. Hohenadl lag samt Marie auf dem Boden. Diesmal sprangen bei der Aktion nur fünfzig Euro heraus, weil der Autofahrer, ein Architekt, gleichsam beschäftigungslos war und schon lang keinen Wettbewerb mehr gewonnen hatte. Aber Dr. Hohenadl war zufrieden, zumal weder die Hose, noch Marie, noch er persönlich größeren Schaden erlitten hatten. Wie gut, dass Marie so kräftig gebaut war. Anfangs nämlich hatte sich Dr. Hohenadl gewünscht, sie wäre ein wenig zierlicher gewesen. Er war im Grunde mehr als zufrieden, er war glücklich, denn es war ihm gelungen, was viele Jahre sein sehnlicher Wunsch gewesen war: sich eine Verdienstquelle zu erschließen, um nicht zur Gänze auf das Erbe angewiesen zu sein.

Dr. Hohenadl war klug genug, nicht zu übertreiben, und erlegte sich auf, sich nicht öfter als alle zwei Wochen mit Marie an die Kreuzung Webgasse / Mariahilferstraße zu stellen. Er bekam Routine und hätte als Stuntman beim Film durchaus Chancen gehabt. Die Beträge schwankten zwischen fünfzig und hundert Euro. Weniger gab eigentlich niemand.

Warum die Erfolgsgeschichte abrupt endete? Warum Dr. Hohenadl nie wieder mit Marie in eine Autotür fuhr? Weil nach einem halben Jahr der Mann, der aus dem Auto sprang, nachdem Dr. Hohenadl und Marie die Tür touchiert hatten, Dr. Svoboda, der Zahnarzt aus Meidling, war. Statt sich aufzuregen, begrüßte der Zahnarzt den auf dem Boden Liegenden mit Handschlag wie einen alten Bekannten. Als sich Dr. Hohenadl beschämt davonschlich, rief ihm Dr. Svoboda mit breitem Meidlinger Akzent nach: Wissan S' wos? Gengan S' zum Zirkus! Durt kriagn S' zur Gaasch a no a gregelte Moizeit!«

Dr. Hohenadl haderte mit seinem Schicksal. Er war überzeugt davon, dass er in seiner Karriere auf der Mariahilferstraße einen Zyklus durchlaufen hatte und dass er nach Dr. Svoboda, dem Zahnarzt aus Meidling, nun der Reihe nach allen anderen Autofahrern, mit denen er ins Geschäft gekommen war, wieder begegnen würde. Angst überkam ihn, und er mied Marie für einige Tage.

Dr. Hohenadl
wird Selbstversorger

Dr. Hohenadl freute sich immer, wenn ihm jemand etwas schenkte. Aber als seine Cousine Dorothee aus St. Pölten ihm, wie sie angekündigt hatte, etwas ganz Außergewöhnliches mitbrachte, wurde er misstrauisch. Sie wickelte ein Glas aus und setzte zu einer langen Erklärung an. Charlotte handelte in bester Absicht, ohne irgendwelche Hintergedanken. Sie kannte Dr. Hohenadls Sparsamkeit und wollte ihm einen Gefallen tun. Im Glas, das mit einem Metalldeckel verschraubt war, schwamm eine trübe Flüssigkeit. Charlotte kam nicht so schnell zum Punkt, sodass Dr. Hohenadl die Sache immer seltsamer vorkam.

»Die Lake ist nicht immer in dem Glas«, sagte Charlotte. »Unten schwimmt ein Schwamm. Ja, ein Pilz, ein tibetanischer Pilz, und der lebt.«

Dr. Hohenadl schob das Glas vorsichtig zurück. Charlotte wies ihn an, das Glas mit Milch zu füllen und über Nacht in einen Schrank zu stellen. »Er muss es finster haben. Er arbeitet im Finstern.«

»Da ist einer drinnen, der arbeitet? Wer denn?«

»Der tibetanische Pilz natürlich.«

Charlotte ärgerte sich ein wenig über Dr. Hohenadls Begriffsstutzigkeit. »Damit gewinnst du einen richtigen Freund«, fuhr sie fort. »Jeden Morgen hast du Kefir. Du gibst etwas hinein und kannst es genießen. Freilich schmeckt es ein wenig säuerlich. Aber daran gewöhnst du dich.«

Dr. Hohenadl konnte nicht ganz folgen. Charlotte machte sich aber auch wirklich nicht sonderlich gut verständlich. Dr. Hohenadl gewann den Eindruck, dass sie ihm einen seltsamen Genossen andrehen wollte, mit dem er von da an leben sollte.

»Der Pilz wächst.«

»Wie groß? Ich habe schon davon gehört. Pilze kennen kein Maß und Ziel.«

»Vielleicht musst du ihn eines Tages zerteilen.«

Das war Nahrung für Dr. Hohenadls Ängstlichkeit. Er sollte mit einem Messer gegen ein Lebewesen vorgehen? Sie wollte ihn zu einer Mordtat verleiten? Es kam ihm immer verworrener vor, worauf er sich da einlassen sollte. Wohl war das anfängliche Gefühl, dass ihm Charlotte einen Streich spielen könnte, weitgehend verflogen, aber er fühlte sich nicht imstande, mit dem lebendigen tibetanischen Pilz zurechtzukommen. Womöglich brauchte der so viel Zuwendung wie ein Hund oder ein Wellensittich. Dr. Hohenadl wollte Charlotte keinesfalls brüsk zurückweisen und ihr schonend beibringen, dass er sich überfordert fühlte. Sie spürte seine Abwehr. Das war ihm bewusst, und er musste daran denken, dass vielleicht auch der Pilz mitbekam, dass er nicht willkommen war. Er steuerte das Gespräch auf die Bitte um eine Galgenfrist hin. Sie ließ sich darauf ein, das Glas samt Inhalt noch einmal mitzunehmen. Und sie versprach ihm, eine genaue Anleitung zu verfassen, die er dann nur Schritt für Schritt würde befolgen müssen. »Du brauchst keine Angst zu haben. Mit der Zeit wirst du mit ihm vertraut werden und ganz selbstverständlich mit ihm umgehen.« Damit trat Charlotte vorerst den Rückzug an. Aber sie kam wieder. Und sie hatte das Glas mit der trüben Lake und dem Pilz dabei. Sie gab Dr. Hohenadl das Blatt, auf dem sie detailliert jeden Handgriff verzeichnet hatte. Aber das war nicht alles. Charlotte hatte sich Argumente überlegt. Von zumindest einem war sie ganz sicher, dass es Dr. Hohenadl hundertprozentig überzeugen würde. »Du brauchst dich vor dem tibetanischen Pilz überhaupt nicht zu fürchten. Denk an den Dalai Lama.«

»Du hast recht. Der ist immer ausgesprochen fröhlich. Er interessiert mich, weil er so wie ich dem Prinzip der Bedürfnislosigkeit folgt. Du meinst, er isst den Pilz täglich?«

»Den Pilz sollst du ja nicht essen. Nein. Ich habe dir alles ganz genau und leicht verständlich aufgeschrieben.«

»Verzeih mir, aber noch habe ich nicht ganz verstanden, warum ich mich der Prozedur unterwerfen soll.«

»Du gewinnst auf diese Weise jeden Tag Kefir. Der tibetanische Pilz macht es dir. Und Kefir ist äußerst gesund. Die bulgarischen Bauern nehmen ihn täglich zu sich. Und das ist der Grund, warum die bulgarischen Bauern auch noch im höchsten Alter, etwa wenn sie den hundertsten Geburtstag feiern, auffallend vital sind.«

»Man hat noch nie von ernsteren Zwischenfällen gehört?«

»Nie etwas Negatives.« Dann holte Charlotte zu ihrem Hauptargument aus. »Mit dem Kefir kannst du dir täglich mit Früchten oder Salat eine kleine, preisgünstige Mahlzeit bereiten. Freilich ist es möglich, den Kefir auch im Laden zu kaufen. 46 Cent für den Becher. Wenn du dieselbe Menge zu Hause machst, kostet sie dich höchstens 20 bis 21 Cent.«

»89 Euro und 25 Cent«, sagte Dr. Hohenadl, der sehr gut im Kopfrechnen war.

»Was meinst du?«

»89 Euro und 25 Cent, das ist die Ersparnis in einem Jahr. Und in einem Schaltjahr kommen noch einmal 25 Cent dazu.«

Von diesem Moment an nahm sich Dr. Hohenadl vor, ein eifriger Kefir-Produzent zu werden. Die lange Aufzählung von Vitaminen und anderen günstigen Wirkstoffen, die Charlotte notiert hatte, motivierte ihn zusätzlich. Er sah sich schon als munteren Greis, der von seinen Mitmenschen um gute zwanzig Jahre jünger geschätzt wurde.

Die Zeit, die nun für ihn begann, war aber nicht einfach. Doch der erste Versuch gelang klaglos. Dr. Hohenadl goss die Lake, die ihm ekelig vorkam, aus dem Glas und blickte nur kurz auf das weiße Gewucher, den tibetanischen Pilz. Er dachte einen Moment lang daran, ihn in den Biomüll zu werfen und zu kapitulieren. Charlotte hätte er dann vormachen müssen, wie dankbar er ihr dafür sei, ihm ein so großzügiges Geschenk mit unabsehbar positiven Folgewirkungen gemacht zu haben. Er gab dieser leichten Neigung nicht nach, sondern tat, wie auf der Anleitung zu lesen war: Er füllte das Glas mit Milch, gab den Metalldeckel darauf und stellte es in einen Küchenschrank.

Am nächsten Tag war aus der Milch tatsächlich eine sämige Masse geworden. Dr. Hohenadl ging so vorsichtig wie ein Chirurg dabei vor, die Masse von dem Pilz zu trennen, ihn wieder ins gesäuberte Glas zu bugsieren und mit Milch zu versorgen, um den Verwandlungsprozess erneut in Gang zu setzen. Die weiße, glibberige Masse aß er, und zwar auf eine spezielle Weise. Er hatte sich im Internat, wenn es etwas Undefinierbares, Unansehnliches zu essen gab, was oft vorgekommen war, antrainiert, den Geschmacksinn auszublenden. Der Trick klappte verlässlich, und er löffelte tapfer aus, was der tibetanische Pilz über Nacht angerichtet hatte.

Schon am zweiten Tag erkundigte sich Charlotte. Dr. Hohenadl berichtete ihr mit einem feinen Vibrato in der Stimme, dass ihr unmissverständlich klar wurde, wie glücklich er mit dem Geschenk war. Dass er in dem weißlichen, seltsam strukturierten Gebilde eher einen vielbeinigen Käfer sah als einen Pilz, sagte er ihr nicht. Stattdessen meldete er ihr stolz, dass er nun schon zwei Tage älter geworden sei, um zwei Tage, die er seinem normalen Älterwerden nicht hinzuzurechnen brauchte.

»Er ist dein Freund«, sagte Charlotte.

»Du meinst, ich sollte ihm einen Namen geben?«

»Nun, er ist dein Mitbewohner. Daher wäre es nur zu natürlich, wenn ihr beide ein vertrauteres Verhältnis zueinander entwickeln würdet.«

Ohne dass es ihm bewusst war, fiel Dr. Hohenadl spontan »Samsa« ein. Von nun an dachte er nicht mehr an einen anonymen tibetanischen Pilz, sondern an Samsa, wenn ihm sein Kefir-Abenteuer einfiel. Es fiel ihm sehr oft ein. Der Grund dafür war, dass ihm Samsa nach wie vor unheimlich war. Unheimlicher als zu Beginn. Er tat für Samsa alles, was vorgeschrieben war. Aber konnte das genügen? Samsa arbeitete die ganze Nacht wie ein Sklave, um die Milch in diese sämige Masse namens Kefir zu verwandeln. War das etwas anderes als das, was Rumpelstilzchen im gleichnamigen Märchen tat? Rumpelstilzchen bot sich der Müllerstochter, die in eine Kammer eingesperrt war, an, einen Haufen Stroh in Gold zu verwandeln. Doch Rumpelstilzchen arbeitete nicht umsonst. In der ersten Nacht verlangte es das Halsband, in der zweiten den Ring, und in der dritten sollte es das Kind sein, das die Müllerstochter, wenn sie die Frau des Königssohns geworden wäre, zur Welt bringen sollte.

Und was ist Samsas Preis, fragte sich Dr. Hohenadl. Sein Schlaf war unruhig. Immer, wenn er aufwachte, dachte er an Samsa. Er träumte auch von Samsa. Kritisch beobachtete er von Tag zu Tag, wenn er ihn kurz aus der Dunkelhaft entließ und ihn mit neuer Milch übergoss, um wieviel er gewachsen war. Die Ängste steigerten sich bis zu einem wiederkehrenden Albtraum. Darin verließ Samsa das Glas, blähte sich bis zu Menschengröße auf, rollte an Dr. Hohenadls Bett und stupste ihn, grob und sanft zugleich, mit seinen knorpeligen, milchigen Wurzeltentakeln aus dem Schlaf. Mit Schweiß auf der Stirn schleppte sich Dr. Hohenadl dann an seinen Schreibtisch und schrieb in deutlichen Ziffern die Summe auf, die er sich bis zu diesem Tag mit Samsas Hilfe schon erspart hatte. Eine zweite Zahlenreihe, von der Dr. Hohenadl wusste, dass sie hypothetisch war, verzeichnete den Zuwachs an Lebenslänge. Erst der Blick auf diese Zahlen brachte den schrecklichen Traum zum Verschwinden. So fasste Dr. Hohenadl wieder ein wenig Zuversicht und zögerte seine Kapitulation hinaus.

Dr. Hohenadl
wird Philosoph

Dr. Hohenadl brauchte lang, bis er verstand, wer die Frau am Telefon war und was sie wollte. Er war irritiert, weil sie tat, als wäre sie eine enge Vertraute. In Wirklichkeit war Henriette eine Cousine dritten Grades und stammte aus einer Nebenlinie, die in Zerbst in Sachsen-Anhalt zu Hause war. Er hatte sie einmal im Verlauf einer größeren Verwandtschaftszusammenkunft gesehen, als sie noch ein Kind war. Aber daran, wie sie aussah, erinnerte er sich nicht einmal vage. Die Zerbster Linie bildete sich viel darauf ein, entfernt mit der Zarin Katharina der Großen verwandt zu sein. Und jetzt meldete sich Henriette mit der Ankündigung, am 4. Februar nach Wien kommen zu wollen. Ganz selbstverständlich ging sie davon aus, sich bei ihm einquartieren zu können. Es klang so, als wäre das im Kreis ihrer Verwandtschaft in dieser Weise geregelt worden. Sie habe in Wien ein Vorstellungsgespräch bei der UNIDO, und von ihm, Dr. Hohenadl, werde erwartet, dass er sich um sie kümmere.

Dr. Hohenadl hätte ihr klipp und klar absagen müssen, denn der 4. Februar war in seinem Kalender rot angestrichen, ein Ausnahmetag. Es war der Todestag seines Vaters. An diesem Tag wollte er jedes Jahr seinem Vater so nah wie möglich sein, indem er versuchte, dessen Ideal zu imitieren. Der Vater hatte als scheinbarer Müßiggänger gelebt. Ja, er hatte zu Lebzeiten gemeinhin als notorischer Nichtstuer gegolten, weil er den ganzen Tag auf der Chaiselongue gelegen war. Aber von sich selbst hatte er anders gedacht. Sein Spruch hatte gelautet: »Die ganze Arbeit spielt sich im Kopf ab – philosophisch.«

Dr. Hohenadl hatte viel über die mögliche Bedeutung dieses Satzes nachgedacht. Wollte Vater damit ausdrücken, es sähe bloß so aus, als läge er einfach nur so da, in Wirklichkeit aber spiele sich in seinem Kopf die intensivste Gedankenarbeit ab? Was mochte er gedacht haben? Es müssen wohl philosophische Gedanken gewesen sein, also war sein Vater ein Philosoph gewesen.

Dr. Hohenadl hatte sich längst, so gut er konnte, über Philosophen kundig gemacht. Sie lehrten an Universitäten, waren eitel und eifersüchtig auf andere Philosophen, schrieben Aufsätze und Bücher über andere Philosophen und hielten Vorträge, für die sie um möglichst hohe Honorare feilschten. Ein solcher Philosoph war Vater nicht gewesen. Dr. Hohenadl dachte lang nach, bis er zu einem befriedigenden Schluss kam: Sein Vater war jenen, die sich Philosophen nannten und nennen ließen, weit überlegen.

Dr. Hohenadl glaubte, seinen Vater am besten dadurch ehren zu können, indem er sich am Todestag bei geschlossenen Vorhängen hinlegte und philosophisch dachte. Das gelang ihm nur deshalb, weil er schon einen Monat davor damit begann, sich auf diesen Tag vorzubereiten, indem er einen philosophischen Text einstudierte. Er las ihn sich dutzende Male laut vor, bis er ihn einigermaßen auswendig konnte. Angefangen hatte er in der Antike, nahm sich dann aber später auch Beispiele aus anderen Perioden vor. Kant, Hegel und Kierkegaard kamen ihm unter, und besonders gut liege ihm, so dachte er, Michel de Montaigne. Gerne las er den Essay *Über die Menschenfresser* und jenen mit dem Titel *Philosophieren heißt sterben lernen*. Als er aber auf den Essay *Wider die Nichtstuerei* stieß, fühlte er sich auf die Zehen getreten und wandte sich rasch von Montaigne ab. Der verlangte in dem Text, dass einer unentwegt tätig sein sollte, am besten als Feldherr. Lang und breit lobte er den König von Fez, der sich noch im Sterben von seinen Leuten auf dem Schlachtfeld habe herumtragen lassen, um die einzelnen Truppenteile zu höchster Tapferkeit anzufeuern.

Dr. Hohenadl kehrte gern wieder in die Antike zurück. Die Epikureer waren ihm sympathisch und auch die Phaiaken. Er fragte sich, ob sein Vater einer besonderen Art von Müßiggängern angehört hatte und ob daher nicht auch sein eigenes oberstes Ziel der spezielle Müßiggang sein müsste. Nach langem Nachdenken verneinte er. Nicht Müßiggang, sondern die Bedürfnislosigkeit sei Vaters Ideal gewesen. Genau dies, nahm er sich vor, sollte auch für ihn selbst als Orientierung gelten. Ja, ja, bei den Kynikern fand er sich gut aufgehoben.

Für dieses Jahr war etwas anderes an der Reihe: Platons *Gastmahl*. Er besaß den Text selbst, denn er hatte einst bei einem Antiquar eine Reclam-Ausgabe für 0,89 Euro gefunden. Natürlich nahm er sich nicht das ganze *Gastmahl* vor, sondern nur einen Ausschnitt. Die Rede des Aristophanes über den Mythos der Kugelmenschen schien ihm geeignet zu sein. Dr. Hohenadl lernte, dass es Mann-Männer gab, Frau-Frauen und Mann-Frauen. Alle waren sie Kugelmenschen und hatten je vier Hände und Füße und zwei entgegengesetzte Gesichter auf einem Kopf. Es heißt, sie seien stark und schnell gewesen. So stark und so schnell, dass sogar die Götter angefangen hätten, sich vor ihnen zu fürchten. Sie sahen schon voraus, wie diese Wesen in den Himmel steigen wollten, um die Götter anzugreifen. Damit es nicht so weit kommen konnte, zerschnitt Zeus die Kugelmenschen in zwei Hälften. Die Haut wurde über das, was jetzt Bauch heißt, zusammengezogen und verknotet. Man könne es bis heute am Nabel sehen. Jede der Hälften fühlte sich unvollständig und sehnte sich nach der anderen Hälfte. Eros, unzureichend mit »Liebe« übersetzt, soll den Ansporn zur Wiedervereinigung gegeben haben. In manchen Fällen, so hieß es, sei sie gelungen.

Dr. Hohenadl konnte die Passage auswendig und war bestens darauf vorbereitet, jeden der Sätze am Gedenktag für den Vater im Kopf herumzuwälzen. Am besten wäre dies auf der originalen Chaiselongue von Vater möglich gewesen, aber die hatte sich ja der eine Bruder, Dr. Hohenadl, der Ältere, als Erbstück gesichert. Dr. Hohenadl stand in seiner Wohnung nur eine ordinäre Couch zur Verfügung. Noch dazu eine, deren Sitzfläche leicht abschüssig war, sodass man, darauf liegend, ständig ein wenig Kraft gegen das seitliche Abrutschen aufwenden musste.

Nun aber kam diese Cousine dritten Grades aus Zerbst daher, und er sah sich gezwungen, den Gedenktag zu verschieben. Er war verärgert, nicht nur weil die Gefahr bestand, er könnte den mühsam erlernten Planton-Text wieder vergessen.

Als Dr. Hohenadl zum Westbahnhof unterwegs war, um seine Zerbster Verwandte abzuholen, schoss es ihm plötzlich ein, dass sie am Telefon den Familienrat erwähnt hatte. Der Familienrat hätte beschlossen, sie solle bei ihm übernachten. Steckte hinter diesem Beschluss womöglich eine tiefergehende Absicht? Fast hätte er beim Weggehen vergessen, seine Schirmmütze mit Ohrenklappen aufzusetzen, die als Erkennungsmerkmal dienen sollte. Henriette wollte einen pinkfarbenen Trolley hinter sich herziehen. Die Begegnung klappte tatsächlich problemlos.

Dr. Hohenadl verschlug es zunächst die Sprache. Damit hatte er nicht gerechnet. Henriette war klein, sehr klein. Es sah so aus, als hätte sich die menschliche Substanz nicht nach oben, sondern horizontal entwickelt. Das ließ Henriette klein und rundlich erscheinen. Aber Dr. Hohenadl wollte nicht vorschnell urteilen. Vielleicht machte die offenbar mit viel Watte ausgestopfte Jacke ein derart befremdliches Wesen aus ihr. Sie ließ den pinkfarbenen Trolley stehen und reckte ihre kurzen Arme hoch. Dr. Hohenadl konnte nicht anders, als sich tief zu ihr hinunterzubeugen.

Unterwegs redete Henriette unentwegt. Weil der Trolley, den jetzt Dr. Hohenadl hinter sich herzog, so viel Lärm machte, war von dem, was sie sagte, kaum etwas zu verstehen. Die Frage, warum sie kein Taxi nähmen, bekam er allerdings mit.

»Es lohnt sich nicht, wir sind gleich da.«

Das mit dem Lohn meinte Dr. Hohenadl wörtlich. Es hätte ihm um den Lohn, den er dem Taxifahrer hätte aushändigen müssen, leidgetan. Henriette redete offenbar von der endlosen Zugfahrt und erzählte von der Verwandtschaft, von den Ratschlägen, die ihr mit auf den Weg gegeben worden seien, und von einem Onkel, der jeden Tag zehn verschiedene Tabletten schlucken musste. Nur Fragmente drangen an Dr. Hohenadls Ohr. In Abständen fragte Henriette, wie weit es noch sei, und Dr. Hohenadl gab beschwichtigende Antworten. Plötzlich blieb Henriette stehen und rief zornig: »Hundertmal hätte sich ein Taxi ausgezahlt!«

Dr. Hohenadl dachte: Wer hätte was bezahlt?, und war froh, diese Ausgabe gespart zu haben. »Wir sind so gut wie da.« Und es waren dann tatsächlich nur noch kaum mehr als vierhundert Meter.

Henriette sagte, wie erleichtert sie sei, dass es in österreichischen Zinshäusern offenbar bereits Aufzüge gebe. In der Wohnung sah sie sich kritisch um und schälte sich dann aus ihrer wattierten Jacke. Dr. Hohenadl besah sie sich und wusste plötzlich, wie sie ihm in dieser Jacke vorgekommen war: wie ein aufgeplusterter Vogel. Aber, siehe da, auch ohne die Umhüllung änderte sich an diesem Eindruck grundsätzlich nichts. Henriette war klein, und alles an ihr war rund. Dr. Hohenadl forschte nach Ähnlichkeiten mit Katharina der Großen, fand aber keine.

Er war gerade dabei, Henriette in seinen Gedanken mit einem exotischen Fisch zu vergleichen, der in Japan als Delikatesse galt, als es ihm einschoss: Er hatte einen Kugelmenschen vor sich! Ja, eines dieser Wesen, von denen es bei Platon hieß, sie seien mit sich vollkommen eins und autark, ein Wesen, das Zeus vergessen hatte auseinanderzuschneiden. Diese Erkenntnis beruhigte ihn. Als Kugelmensch war Henriette bedürfnislos und suchte nicht krampfhaft nach der zu ihr passenden Hälfte, die von den Göttern abgetrennt worden war. Dr. Hohenadl war von da an gelassen und lobte im Stillen die Nützlichkeit der Philosophie für das praktische Leben. Ein Grieche, zeitlich durch fast 2500 Jahren von ihm getrennt, hatte ihm seine Balance wieder zurückgegeben! Seine Angst, der Familienrat in Zerbst könnte Henriette mit weiterreichenden Absichten auf ihn angesetzt haben, war also unbegründet. Aber schon bald kehrten seine Bedenken zurück, als er Henriette fragte, wann sie am nächsten Tag bei der UNIDO sein müsse.

»Ach, das mit der UNIDO hat keine Eile. Ich werde mich in den kommenden Tagen erkundigen.«

Was sollte das heißen? Warum war Henriette nach Wien gekommen? War die Ankündigung, sie hätte eine fixe Stelle bei der UNIDO, nur ein Bluff gewesen?

Dr. Hohenadl musste sich in Erinnerung rufen, dass Henriette allem Anschein nach eines dieser Ausnahmewesen war, die dem Entzweischneiden durch Zeus entgangen waren. Aber vielleicht kannte ihre Sippe in Zerbst diese antiken Zusammenhänge nicht und schickte sie zur Suche nach einem Mann, der angeblich »besseren Hälfte«, nach Österreich.

Henriette hatte ihre mit Watte ausgestopfte Jacke nur kurz ausgezogen und war, sich selbst mit den Armen umschlingend, dagesessen, bevor sie wieder in die Jacke schlüpfte. Sie bat Dr. Hohenadl, kurz wo anrufen zu dürfen. Daraus wurde ein nicht enden wollendes Telefonat. Dr. Hohenadl stiegen die Grausbirnen auf, weil er unentwegt an die Kosten denken musste. Sein Telefon war Gespräche von dieser Länge nicht gewohnt. Sie erzählte jemandem haarklein jede Phase ihrer Zugfahrt. Dr. Hohenadl hielt es nicht aus, ging in die Küche, setzte sich an den kleinen Tisch und hielt sich die Ohren zu. Sooft er den Fingerdruck von seinen Ohren nahm, hörte er Henriettes Stimme. An der Modulation war nicht zu merken, dass ein Ende des Monologs absehbar war. Irgendwann muss aber Henriette dann doch der Stoff ausgegangen sein. Sie verstummte. Dr. Hohenadl stöhnte und erwartete nun, den Abend mit

Henriette, die von der Fahrt wohl müde sein musste, beschließen zu können. Er täuschte sich.

Unvermittelt fragte sie: »Wo hast du reserviert?«

Dr. Hohenadl verstand nicht sofort. Aber ohne sich etwas anmerken zu lassen, antwortete er: »Es ist für alles gesorgt.«

In Wahrheit war für gar nichts gesorgt. Er war nicht darauf gefasst gewesen, dass Henriette noch würde ausgehen wollen, dass sie wie selbstverständlich mit einer Abendeinladung rechnete. Dr. Hohenadl zählte im Kopf die Kosten zusammen, die auf ihn zukamen, und sagte souverän: »Ich dachte, gleich nebenan, weil du sicher nicht mehr weit laufen willst.«

Widerwillig brach er mit ihr auf zu Franzis Beisl. Oft war er daran vorbeigegangen, nie wäre es ihm eingefallen hineinzugehen.

Henriette hielt einen Monolog über die österreichische Küche, der ein ausgezeichneter Ruf vorauseile. Vor allem die Mehlspeisen habe man ihr als die größten Köstlichkeiten der Welt geschildert. Dr. Hohenadl ließ diese Bemerkungen unkommentiert. Henriette wunderte sich auf der Straße über die bedenkliche Dunkelheit. Außerdem hatte sie erwartet, die Menschen würden in Wien unentwegt Walzer nach Melodien von Johann Strauss tanzen. So jedenfalls rede man in Zerbst über Wien. Sie erkundigte sich, welche Art Lokal sie zu erwarten habe. Dr. Hohenadl gab zögerlich Auskunft. Franzis Beisl sei ein Beispiel für sehr ursprüngliche Wiener Gastlichkeit. »Bodenständig und ehrlich«, würde ein Gastrokritiker wahrscheinlich sagen.

Bei Franzi war es ziemlich voll. Man musste seine Augen ans trübe Licht erst gewöhnen. Dr. Hohenadl fragte sich, warum der Wirt gar so mit der Beleuchtung knauserte. Es roch nach Rauch, obwohl niemand zu rauchen schien und das Rauchen in Lokalen wie diesen schon lang verboten war. Wahrscheinlich hatte sich in den bräunlichen Vorhängen im Lauf von Jahrzehnten so viel an Teer angesammelt, dass die Ausdünstung genügte, um für ein kräftiges Aroma zu sorgen. An jedem der sieben Tische saß jemand, einige Männer lehnten an der Theke. An der Seite, wo es zu den Toiletten ging, stand auf einem Tischchen ein großer Teller mit blassen Wurstscheiben, teils bedeckt von Zwiebelringen und in einem durchsichtigen Saft schwimmend.

Der Wirt deutete auf einen Tisch, an dem ein einsamer bärtiger Mann saß. Dr. Hohenadl fragte, ob man sich dazusetzen dürfe. Der Mann brummte zustimmend. Es stellte sich heraus, dass es kein nur momentanes Brummen war. Er brummte fortwährend. Es war vielleicht die Andeutung eines Gesangs.

Henriette fiel auf, dass es keine Tischtücher gab, und sie registrierte, dass Suppenwürze, Bierdeckel sowie Pfeffer und Salz nicht erst bestellt werden mussten, sondern auf jedem Tisch von vornherein bereitstanden. Der Wirt, vermutlich war es Franzi persönlich, ein Mann, der, nach der Statur zu schließen, früher einmal Ringer gewesen sein könnte, fragte, was man zu trinken wünsche, und verwies auf den Wurstsalat, der schon angerichtet sei. Ein Brotkörbchen, Besteck und Teller wurden gebracht. Dann schaufelte der Wirt jedem eine Portion Wurstsalat darauf.

Dr. Hohenadl machte sich mit Ekel, den er mit aller Macht unterdrückte, ans Essen, Henriette fragte, ob dies eine Wiener Spezialität sei. Dr. Hohenadl holte weit aus und sprach ziemlich laut, um sich gegen die anderen Stimmen im Lokal und die Schlager aus einem Radio zu behaupten. »Die Wiener sind fälschlicherweise als genusssüchtig verschrien. Das hat vielleicht früher einmal gegolten. Inzwischen ändert es sich mehr und mehr. Die Vorräte auf dieser Welt sind begrenzt. Danach richten sich die Menschen inzwischen. Sie sind bescheidener geworden, sparsamer und gehen immer weniger in die mondänen Restaurants, sondern bevorzugen einfache Lokale. Ich habe mich voll und ganz dieser Richtung verschrieben. Sie hat im Übrigen eine philosophische Grundlage. Die Menschen berufen sich auf die antiken Kyniker, und genau das tue ich auch. Dazu ist sehr viel Arbeit nötig, die sich zur Gänze im Kopf abspielt.«

»Was machen die Kyniker?« Henriette hatte schon eineinhalb Wurstblätter gegessen.

»Sie huldigen der Bedürfnislosigkeit. Einige haben es darin schon sehr weit gebracht und lehnen die meisten Konventionen ab, wie etwa die Kleidung.«

»Sie sind nackt unterwegs?«

»Ja, darauf läuft es in letzter Konsequenz hinaus. Zurzeit erlauben es die tiefen Temperaturen nicht, aber im Sommer ...«

»Du gehst nackt aus dem Haus?«

»Bis jetzt noch nicht. Aber wenn es wärmer wird, will ich es probieren.«

Als es ans Bezahlen ging, wartete Dr. Hohenadl, weil er ein bisschen hoffte, Henriette würde ihren Teil selbst übernehmen. Sie machte aber keine Anstalten in dieser Richtung. Mit einem angedeuteten Seufzer suchte er nach seiner Geldbörse. Auf dem Unterarm des Wirts war die Tätowierung einer vollbusigen Frau zu sehen.

Zu Hause am Loquaiplatz bekam Henriette, als sie die Jacke ausgezogen und kurz das Gästezimmer betreten hatte, einen Schüttelfrost. Mit sehr lauter Stimme verlangte sie, dass sich sofort etwas ändern müsse, weil sie sonst einen Skandal machen würde. Sie halte diese Kälte nicht länger aus. Dr. Hohenadl hielt dagegen. Er selbst finde es ausreichend temperiert, von Kälte könne keine Rede sein. Ja, im Gästezimmer sei den ganzen Winter über nicht geheizt worden. Aber zu viel Wärme in dem Raum, in dem man schlafe, sei ohnehin sehr ungesund.

Henriette ließ ihn stehen, eilte in die Küche, warf den Gasherd samt Backrohr an und setzte sich davor. Dr. Hohenadl wartete ein wenig ab und betrat dann vorsichtig die Küche, in der Hoffnung, Henriette von so viel Energieverschwendung abbringen zu können. Sie schnaubte ihn wütend an, er zog sich sofort wieder zurück. Betrübt nahm er zur Kenntnis, dass sich sein Vortrag über die Bedürfnislosigkeit bei ihr überhaupt nicht verfangen zu haben schien.

Er hatte sich gerade in sein Bett gelegt, als er ein Toben und Krachen hörte. Henriette steckte den Kopf zur Tür herein und brüllte: »Ich gehe in ein Hotel. Du bist ein unausstehlicher Geizkragen! Ein Geizkragen! Hast du gehört? Von mir aus ein philosophischer! Dein Ruf in Zerbst ist ruiniert! Lass dich nie dort blicken!« Mit einem Krachen fiel die Wohnungstür ins Schloss.

Zerbst würde er also nie kennenlernen, dachte Dr. Hohenadl. »Schade«, sagte er vor sich hin. »Aber vielleicht muss es ja auch nicht sein.«

Dr. Hohenadl
sitzt im Stiegenhaus

Dr. Hohenadl war verblüfft. Damit hatte er nicht gerechnet. Nicht im Traum wäre ihm je eingefallen, sein ältester Bruder, der Weltmeister in Sachen Knausrigkeit, könnte ihm einen Laptop schenken. Nicht etwa ein Gerät, das erst repariert werden musste, sondern eines, das wirklich funktionierte. Eine Gebrauchsanweisung war auch dabei. Sein Bruder wollte sich, wie er sagte, das neueste Modell kaufen.

Dr. Hohenadls Freude über das Geschenk bekam einen ersten Dämpfer, als er die Gebrauchsanweisung zu studieren begann. Er war beeindruckt von den vielen Sprachen, in denen die Anleitung abgefasst war. Sogar Südossetisch war darunter, Koreanisch sowieso.

Ihn freute die sprachliche Experimentierlust der Autoren. Es fanden sich im Text etliche Wortneuschöpfungen und noch mehr Formulierungen, die sich auf amüsante Weise des Deutschen bedienten. Dr. Hohenadl vermutete ein Team von Humoristen dahinter. In die Texte eingestreut, waren Abkürzungen in Großbuchstaben, die alles und nichts heißen konnten. Dr. Hohenadl ließ es sich nicht verdrießen und rang den geheimnisvollen Anleitungen doch die eine oder andere Information ab. Mit Ausdauer probierte er auf der Tastatur verschiedene Tricks aus, stieß aber schon bald an Grenzen. Was ihm fehlte, war eine fundamentale Voraussetzung. Das fand er ohne Hinweis ganz selbständig heraus. Er brauchte einen Internetanschluss. Da fing es ihm an zu dämmern: Das Geschenk ist ihm womöglich nicht aus lauter Großzügigkeit gemacht worden, es war wahrscheinlich eine Falle, in die er tappen sollte. Ein Danaergeschenk! Sein Bruder wollte ihn zum Geldausgeben verleiten und vielleicht sogar in den Bankrott treiben.

Alles, was regelmäßige Kosten verursachte, verabscheute Dr. Hohenadl. Nie ließ er sich auf Abonnements ein. Sie waren seiner Ansicht nach nur dazu da, den Weg in die Armut zu beschleunigen. Stets hatte er das Bild des Finanzbeamten vor Augen, der an der Tür läutet, eine Marke vorzeigt und dann in der Wohnung damit beginnt, Pfandsiegel auf bestimmte Gegenstände zu kleben. Er sah sich mit einigen prall gefüllten Taschen unrasiert im Burggarten auf einer Bank sitzen und ins Leere starren. Sonnenbrillen und ein tief ins Gesicht gezogener Hut sollten ihn für eventuell vorbeikommende Bekannte unkenntlich machen.

Gelähmt von derlei Ängsten, rührte Dr. Hohenadl den Laptop zunächst nicht weiter an. Die Versuchung war aber groß, wenigstens einen für ein paar Tage gültigen Anschluss zu kaufen. Aber Dr. Hohenadl hielt sich zurück, weil er wusste, es würde dabei nicht bleiben. Er hielt sich für suchtanfällig und war überzeugt, er würde immer wieder nachkaufen bis zum endgültigen Ruin. Diese Freude wollte er seinem Bruder nicht machen.

Zufällig las er nach etlichen Wochen in einer Gratiszeitung von einer legalen Möglichkeit zu einem Internetanschluss zu kommen. Ein Zaubercode aus großen Buchstaben sollte die Lösung bringen. Mit Codes dieser Art war ja auch die Betriebsanleitung für den Laptop gespickt. Mit diesem Code würde er auf einfache Weise zu einem

WLAN-Anschluss gelangen. Wie es im Artikel hieß, gab es in der Stadt viele Orte, an denen er mit seinem Laptop durch das Netz streifen konnte, stundenlang, ohne einen Cent zu bezahlen. Darauf kam es Dr. Hohenadl an. Er hielt die Einrichtung dieser Gratiszonen für eine großzügige Geste des Bürgermeisters. Das W in der Abkürzung stand seiner Meinung nach gewiss für Wien. Ein Verzeichnis sagte ihm, wo überall er in den Genuss dieser Wohltat kommen konnte. Als Erstes wollte er es im Café Prückel probieren. Was sprach dagegen, das Prückel zu seinem Stammlokal zu machen?

Weil er den Laptop nicht nackt transportieren wollte, suchte er im Abstellraum nach seiner alten Schultasche. Sie passte der Größe nach zwar nicht, aber zwei Drittel des Geräts konnte er darin unterbringen, der Rest schaute heraus. Im Café bekam seine Euphorie einen Dämpfer, denn der Kellner tauchte an seinem Platz auf und fragte nach der Bestellung. Daran hatte Dr. Hohenadl nicht gedacht. Bei jedem Kaffeehausbesuch würde er etwas bestellen müssen. Der Kellner räusperte sich ungeduldig. Dr. Hohenadl orderte schnell einen Kleinen Braunen.

Er begann sofort damit, eine Internetverbindung herzustellen. Als es ihm endlich gelang, war schon eine halbe Stunde vergangen und der Kleine Braune längst ausgetrunken. In Abständen kam der Kellner an den Tisch, um das Glas Wasser auszuwechseln. Jedes Mal schaute er neugierig auf den Bildschirm und fragte, ob alles in Ordnung sei. Von Mal zu Mal wurde er übellauniger und Dr. Hohenadl immer nervöser. Wenn der Kellner nach der Ordnung fragte, drückte er nicht etwa sein Interesse an irgendwelcher Ordnung aus, vielmehr wollte er eine weitere

Bestellung aufnehmen. Denn am Abend musste die Rechnung, wonach ein Sitzplatz im Café so und so viel an Umsatz bringen musste, stimmen.

Nach zwei Stunden hielt Dr. Hohenadl die Spannung nicht mehr aus, gab auf und packte den Laptop ein.

Das Versprechen, wonach der Internetzugang gratis sein würde, traf nicht zu. Der Aufenthalt im Café hatte ihn drei Euro gekostet, zwei achtzig plus zwanzig Cent Trinkgeld. Wollte Dr. Hohenadl den Laptop auch nur jeden zweiten Tag im Monat nutzen, ergab dies Kosten von fünfundvierzig Euro. Unmöglich! Damit würde die Verarmungsfalle, die ihm sein Bruder gestellt hatte, unweigerlich zuschnappen.

Niedergeschlagen zog Dr. Hohenadl Bilanz. Er hätte nun auch die anderen Lokale testen können, um herauszufinden, wo der Kleine Braune billiger war. Aber darauf ließ er sich nicht ein. Ein Satz aus dem Radio riss ihn aus seiner Resignation. Dr. Hohenadl glaubte, sich verhört zu haben. Im Volksgarten gäbe es eine WLAN-Zone, jeder könne dort mit Handy oder Laptop ins Internet einsteigen. So schnell er konnte, griff er nach seinem Laptop und eilte beinahe im Laufschritt zum Volksgarten. Auf dem Weg dorthin stellte er sich vor, wie viele Wienerinnen und Wiener sich im Park tummeln würden, alle erfüllt von dem Drang, gratis ins Internet zu kommen. Er machte sich kaum Hoffnung auf einen freien Platz auf einer Bank. Er eilte weiter und achtete nicht auf den stärker werdenden Regen.

Im Volksgarten war kaum ein Mensch. Hie und da ging jemand zügig über die Sandwege, aber niemand war dazu aufgelegt, sich hier länger aufzuhalten. Dass Nässe dem Laptop nicht guttun würde, wusste Dr. Hohenadl, weshalb er ihn nicht aus der Tasche nahm. Er stand da, wartete und blickte zum Himmel. Nach einer Stunde gab er auf und ging nach Hause. Aber kaum hatte er sich hingesetzt, brach die Sonne durch die Wolken und er rannte mit seinem Gerät zurück in den Volksgarten. Niemand außer ihm schien das Wetter für einen Interneteinstieg zu nützen. Die Bank war noch nass, aber das störte ihn nicht.

Die Verbindung gelang tatsächlich, und kein Kellner würde hier auftauchen und ihn unter Konsumdruck setzen. Doch ob er nun wirklich online war oder nicht, konnte Dr. Hohenadl nicht mit Sicherheit sagen. Die Sonne war zu hell, es war auf dem Bildschirm im besten Fall nur Schemenhaftes zu erahnen. Sein eigenes Gesicht dagegen konnte er wie in einem Spiegel ganz genau sehen. Dr. Hohenadl wechselte den Platz. Jetzt war der Bildschirm erst recht ein reiner Spiegel, und Dr. Hohenadl ärgerte sich über seine Grimassen. Noch einige Male wechselte er den Platz, aber nirgendwo war es besser. Er war sogar bereit, auf eine Bank zu verzichten und sich das Gerät umzuhängen, um stehend sein Glück zu versuchen. Es half nichts.

Dr. Hohenadl kehrte nach Hause zurück. Die Türe unten stand offen, doch oben vor seiner Wohnungstüre stellte er fest, dass er keinen Schlüssel hatte. Er suchte fieberhaft in allen Taschen. Vergeblich. Er fühlte mit aller Intensität seine Hilflosigkeit und setzte sich erschöpft auf den Treppenabsatz. Es dauerte lang, bis er wieder einigermaßen klar denken konnte. Er rief zuerst die Auskunft und dann den Schlüsseldienst an. Die Zeit verging. Nichts geschah. Aus einer der Nachbarwohnungen hörte er Geräusche, so als würde drinnen jemand Teppiche klopfen. Aus lauter Langeweile öffnete er den Laptop und begann darauf herumzutippen. Plötzlich hatte er eine Verbindung ins Internet. Er konnte es nicht fassen. Der Platz vor seiner Wohnungstür sollte ein Hotspot sein? Wie kam das? Dr. Hohenadl war begeistert. Der Helfer vom Schlüsseldienst musste ihn erst antippen, um sich bemerkbar zu machen. Der hohe Betrag, den der Mann nach dem Öffnen der Türen verlangte, schmerzte Dr. Hohenadl zutiefst. Eine Art Lähmung überfiel ihn, sie dauerte eine halbe Stunde an. Erst dann war er imstande auszuprobieren, ob nicht auch seine Wohnung ein Hotspot war. Aber in der Wohnung hatte er kein Glück. Seine Tests in den nächsten Tagen ergaben, dass es draußen auf dem Stiegenabsatz immer funktionierte. Da saß er nun und surfte durch das weltweite Netz, beflügelt vom Gedanken, vollkommen gratis unterwegs zu sein. Mit Genuss las er online in den in- und ausländischen Blättern und rechnete am Schluss zusammen, wie teuer es für ihn gewesen wäre, für all diese Zeitungen bezahlen zu müssen. Die stattliche Summe sah er wie verdientes Geld an.

Eigentlich wollte er es seinem älteren Bruder nicht erzählen. Er tat es dann aber doch. Es rutschte ihm heraus. Was er dann zu hören bekam, wirkte wie ein Schock auf ihn. »Du zapfst die Verbindung eines Nachbarn an. Legal ist das nicht.«

Danach machte Dr. Hohenadl erst einmal Pause. Doch lang konnte er der Verlockung, sich völlig kostenfrei die Welt zu erschließen, nicht widerstehen. Allerdings, das merkte er gleich, lebte er, auf dem Stiegenabsatz sitzend, ständig in der Angst, entdeckt zu werden. Kein geringer Teil seiner Aufmerksamkeit musste sich auf die Geräusche um ihn herum konzentrieren. Sobald er eine Tür im Stockwerk über ihm hörte, ergriff er die Flucht in seine Wohnung. Wenn er den Lift hörte, entweder von oben kommend oder von unten hochfahrend, stand er bloß auf, um für den Fall, dass jemand auf seiner Ebene aussteigen würde, nicht sitzend ertappt zu werden. Was aber, wenn einer seiner unmittelbaren Nachbarn das Stiegenhaus betrat und ihn hier mit dem Laptop auf dem Schoss und einem Headset auf dem Kopf sitzen sah? Wie würde er sich in diesem Fall erklären?

Es passierte an einem heißen Sonntagnachmittag. Dr. Hohenadl war in einen Bericht über eine Besetzung der Wall Street durch Tausende Demonstranten vertieft, als ihn sein Nachbar von der Tür nebenan grüßte. Dr. Hohenadl fuhr auf und sagte: »Es hat eine Affenhitze heute. In der Wohnung ist es nicht auszuhalten.«

»Ja«, erwiderte der Nachbar, »im Stiegenhaus ist es tatsächlich weitaus kühler.«

Dr. Hohenadl fragte sich, ob das ironisch gemeint war. Es passierte noch dreimal, dass er von verschiedenen Hausbewohnern, auf dem Stiegenabsatz sitzend, entdeckt wurde. Zum Glück waren es jedes Mal heiße Tage. Jedes Mal passte sein Standardsatz von der Affenhitze in der Wohnung. Wie lang würde er damit durchkommen? Und welche Antwort musste er sich für den Winter zulegen? Bei dem Gedanken daran überfiel ihn ein kalter Schauer.

Dr. Hohenadl staunte nicht schlecht, als er eines Tages seinen Platz auf dem Stiegenabsatz besetzt fand. Dort saß jemand mit dem Laptop und ließ seine Finger flink über die Tasten gleiten. Er kannte den Mann nicht. Dr. Hohenadl grüßte, sagte, als der Mann aufschaute und ebenfalls grüßte, etwas von einem heißen Tag und ging die Stufen hinunter, weil er es unpassend gefunden hätte, sich mit seinem Laptop einfach wieder in die Wohnung zurückzuziehen oder sich gar neben den unbekannten Mann zu setzen. Im Parterre angekommen, überlegte er. Es gab für ihn von da an nur zwei Möglichkeiten: Entweder musste er seine Sitzungen im Stiegenhaus ab sofort einstellen oder sich mit dem Fremden, der ihm nun den Platz streitig machte, arrangieren, wer von ihnen beiden wann und wie lange … Er dachte an die Einteilung im Waschraum. Sie könnte ihm als Vorbild dienen.

Dr. Hohenadl
ist lieb zu den Tieren

Auf Dr. Hohenadl traf die Bemerkung wörtlich zu: »Er konnte keiner Fliege etwas zuleide tun«. Er nannte seine Haltung »Respekt vor der gottgeschaffenen Kreatur«, eine Einstellung, die er der scharfen Erziehung in einem katholischen Gymnasium verdankte. Oft musste er deshalb Diskussionen führen. Wenn er etwa mit seiner Cousine Charlotte in einem Gastgarten saß, kam es unweigerlich dazu, dass sie wild um sich schlug, sobald sich eine Wespe näherte. Er dagegen blieb ganz ruhig und rührte keinen Finger, um das Tier zu vertreiben. Charlotte beschimpfte ihn als Feigling. Dr. Hohenadl hörte sich ihr Gezeter an und griff plötzlich beherzt zu. Nicht etwa in mörderischer Absicht, nein, er fing das Tier, trug es zwischen seinen zwei gewölbten Händen rund zwanzig Schritte weg und ließ es frei. Charlotte staunte.

»Sie hat dich nicht gestochen?«

»Nein. Warum auch?«

»Hast du mit der Wespe geredet? Franz von Assisi soll das perfekt gekonnt haben.«

»Sie hat gespürt, dass ich es gut mit ihr meine. Das genügt.«

Die Wespe tauchte wenig später wieder auf. Allerdings war nicht mit Sicherheit festzustellen, ob es tatsächlich dieselbe war. Dr. Hohenadl musste sich nicht noch einmal bemühen, weil Charlotte und er bereits dabei waren aufzubrechen.

Den Wespenstich hätte Dr. Hohenadl ohne Weiteres ertragen. Summende Fliegen machten ihn nicht nervös. Er erinnerte sich, einmal in der Schule darüber geprüft worden zu sein. Diese Tiere setzten sich mit ihren behaarten Beinen überall hin, um mit Speichel, den sie durch ihren Rüssel absonderten, Schweiß von der Stirn oder Lebensmittelreste vom Tisch erst zu verflüssigen und dann aufzusaugen. Es ekelte ihn nicht. Eine Fliegenklatsche zu verwenden, kam für ihn nicht in Frage. Für ihn waren das Mordinstrumente. Er schenkte den Fliegen die Freiheit, indem er ein Fenster seiner Wohnung öffnete und ihnen mittels einer Gratiszeitung den Weg nach draußen wies. Manche Fliegen waren freilich schwer von Begriff. Daher dauerte es manchmal länger, bis sie Dr. Hohenadls gute Absichten mit ihren Facettenaugen durchschauten. Dies erforderte Geduld. Dr. Hohenadl verlor sie nicht. Selbst dann nicht, wenn er dabei war, die eine sanft hinauszuleiten, während eine andere von draußen hereinkam. Dr. Hohenadls Glaube daran, die Erziehung werde Früchte zeitigen, wurde dadurch nicht erschüttert.

Dr. Hohenadl hatte kein Verständnis dafür, wenn andere über *die Gelsenplage* lamentierten. Ja, auch er wachte im Sommer immer wieder nachts auf und vernahm ein feines Singen wie von einer Elfe an seinem Ohr. Die Melodie war ähnlich wie im Fall der Minimal Music nicht sehr abwechslungsreich. Weil er nicht zimperlich war, nahm er den Stich, der dann bald darauf folgte, zwischen den Knöcheln der Hand oder am Kinn, gelassen hin. Wie selbstverständlich, dachte er, bedienen wir uns der Tiere als Nahrungsquelle.

Da ist es wohl nur recht und billig, wenn wir ihnen ein klein wenig von dem, was wir zu geben haben, großzügig überlassen.

Eines Tages entdeckte Dr. Hohenadl in einem der Küchenschränke zwei kleine dunkle Falter. Er fragte sich, was zu tun sei. Die Methode mit der Gratiszeitung und dem geöffneten Fenster kam nicht in Frage, weil es Winter war. Die winzigen Falter wären draußen bei minus dreizehn Grad umgehend erfroren. Also dachte er nicht weiter über Maßnahmen nach. Das Tierheim fiel ihm ein, doch so viel Realist war selbst Dr. Hohenadl, dass er wusste, Tiere dieser Art würden dort keine Aufnahme finden.

Es blieb aber nicht bei den zwei kleinen Faltern. Nach ein paar Tagen waren es viele mehr. Sie hielten sich alle im Schrank auf. Noch immer fand Dr. Hohenadl an den Tierchen – vor allem, weil sie so klein waren – nichts Besonderes. Als sich aber die Ersten von ihnen auch außerhalb des Schranks zeigten, nahm er sich vor, das Phänomen näher zu untersuchen. Das konnten nur Motten sein. In einem Lexikon las er über Motten nach. Ja, sie könnten als Falter bezeichnet werden, las er, seien aber nicht so bunt wie andere Schmetterlinge. Das stimmte mit den Tierchen, die bei ihm mit zusammengefalteten Flügelchen an der Wand saßen und sich nicht rührten, überein.

Dr. Hohenadl richtete sich darauf ein, sie als Mitbewohner zu akzeptieren. Vorläufig. Im Frühling, wenn es die Außentemperaturen erlaubten, würde er sie mit Hilfe der Gratiszeitung zum Fenster hinausweisen. Nicht im Zorn, sondern in der Absicht, ihnen die Freiheit zu schenken.

Aber die Motten vermehrten sich in beängstigender Weise. Da und dort saßen sie dicht beisammen an der

Decke und bildeten schwarze Flecken. Sobald er in der Küche das Licht anmachte, fingen sie an, in Wolken um die Lampe zu tanzen.

Dr. Hohenadl kam ins Grübeln. Das Lied von Marlene Dietrich fiel ihm ein: »Männer umschwirren mich wie Motten das Licht, und wenn sie verbrennen, ja, dafür kann ich nichts.« Sofort schaltete er das Licht aus. Der Verbrennungstod wäre zu grausam gewesen. Er glaubte unentwegt zu spüren, wie sie mit ihren zarten Flügelchen sein Gesicht streiften. Er fing an, das Kapitel über die Motten im Lexikon genauer zu studieren. Da stieß er auf den Begriff »Lebensmittelmotte«. Er untersuchte seine Vorräte und fand eine Menge weißer Maden, kleiner weißer Würmer mit einem schwarzen Punkt auf der Stirnseite. Dr. Hohenadls Liebe zu den Tieren wurde auf eine harte Probe gestellt. Die Entscheidung, die Lebensmittelvorräte zu entfernen, fiel ihm äußerst schwer. Entzog er damit seinen Mitbewohnern, den geflügelten und ungeflügelten, nicht die Existenzgrundlage?

Im Lexikon stand, welche Gerüche die Motten nicht mochten: Lorbeer, Thuja, Zedernholz, Pfefferminze und Lavendel. Dr. Hohenadl beschaffte alle diese Mittel, und das verursachte ihm Pein, weil er dafür doch erhebliches Geld aufwenden musste. Und außerdem quälte ihn das Gewissen. Hieß der Griff zu diesen Mitteln nicht, die Tierchen zu seinen Feinden zu erklären? In dieser Hinsicht wurde er beruhigt, denn die Wirkung war gleich null.

Im Lexikon standen auch noch andere Maßnahmen zur Bekämpfung. Es hieß, man könne ihnen mit einem Haarföhn an ihre winzigen Leiber rücken. Dr. Hohenadl schüttelte den Kopf. Erfolgreich sei der Einsatz ihrer natürlichen

Feinde, der Schlupfwespen. Woher sollte er zu dieser Jahreszeit Mengen von Schlupfwespen nehmen? Käme das Aufeinanderhetzen der beiden Gattungen nicht jenen verwerflichen Tierhatzen gleich, wie sie im Kolosseum des Alten Roms üblich gewesen waren? Auch Genaueres zum Tempo der Vermehrung las er im Lexikon. »Das Weibchen legt bis zu fünfhundert Eier.« Dr. Hohenadl machte im Kopf eine Überschlagsrechnung. Ja, diese Aussage konnte er bestätigen. Inzwischen betrat er die Küche nicht mehr. Aber die Motten hielten sich längst auch im Wohnzimmer auf.

Dr. Hohenadl überlegte, ob er sich mit jemandem beraten sollte. Wer würde ihn verstehen? Seine Cousine Charlotte kam nicht in Frage. Sie würde ihn auslachen. Auch seine Brüder wollte er nicht kontaktieren. Zwar hatten sie wie er eine strenge katholische Internatserziehung hinter sich gebracht, aber seine Einstellung zu Tieren würden sie nicht teilten. Sie würden seine Auffassung »fundamentalistisch« nennen.

Das Wohnzimmer war für Dr. Hohenadl nicht länger zu halten. Denn auch dort waren nun die Motten in Scharen unterwegs und liefen Gefahr, sobald er das Licht einschaltete, an der heißen Oberfläche der Glühbirnen zugrunde zu gehen. Blieb nur noch das Schlafzimmer. Wenn Dr. Hohenadl heimkam, durchmaß er schnell das Wohnzimmer, sah sich, bevor er die Tür zum Schlafzimmer öffnete, genau um und schlüpfte hinein. Auch hier ging er sparsam mit dem Licht um. Er fühlte sich nicht wohl und legte sich, als sich die ersten Motten im Schlafzimmer zeigten, eine Entscheidung vor: Du musst ihnen entweder die Wohnung zur Gänze überlassen und ausziehen, oder du musst Maßnahmen ergreifen. Die Miete für seine Wohnung war auf

Lebenszeit vorausbezahlt. Auszuziehen hätte geheißen, sich in Unkosten zu stürzen. Er hätte eine andere Wohnung mieten müssen und wäre mit dem monatlichen Salär nicht mehr ausgekommen. Dr. Hohenadls Gewissen wurde aufs äußerste strapaziert.

Einer harmlosen Verkäuferin im Lebensmittelladen gegenüber ließ er das Wort »Lebensmittelmotten« fallen. Sie schien sich auszukennen. »Sie sind extrem unappetitlich«, sagte die Verkäuferin und schüttelte sich. »Vor allem die weißen Larven. Sie sind überall, und so aufpassen kann man gar nicht, dass man nicht welche von ihnen mitisst: in der Suppe, mit dem Aufstrich. Ja, einer Freundin ist es passiert, dass ihr die Dinger auf dem gestrichenen Brot entgegenspaziert sind. Über Hausmittel, mit denen manche versuchen, sie los zu werden, lacht sie nur.«

»Heißt das, man muss sich mit ihnen ein für alle Male arrangieren?«, fragte Dr. Hohenadl.

»Nein, man braucht professionelle Hilfe. Ich sage nur: Kammerjäger.«

Dr. Hohenadl fragte nicht weiter, um nicht als Betroffener zu erscheinen. Das Wort »Kammerjäger« beschäftigte ihn. Er kannte das Wort »Kammerorchester«, ebenso den Begriff »Kammersänger«, das war ein ehrenvoller Titel. Die Verbindung mit dem Wort »Jäger« gefiel ihm nicht. In seiner Vorstellung sah er einen martialischen Mann mit Waffe, der sich in seiner Wohnung auf die Lauer legte und auf die Tiere schoss.

Er erkundigte sich über Kammerjäger in Wien. Besser gefiel ihm der Begriff »Hygiene-Service«. Darunter brauchte er sich nichts Genaueres vorzustellen. Der Mann vom Hygiene-Service in der Erlachgasse erkannte sofort

Dr. Hohenadls Empfindlichkeit und ging darauf ein. Daher erfolgte die Beratung mithilfe vieler Umschreibungen. Das Wort »Lebensmittelmotten« fiel nicht. Auch nicht das Wort »Schädlinge«. Und von Ausrotten und Vernichten war schon gar nicht die Rede. Dr. Hohenadl bekam den Rat, für zwei Tage in ein Hotel zu ziehen. Währenddessen war der Hygiene-Service in seiner Wohnung tätig. Er ging in diesen Tagen viermal ins Kino, zweimal ins Kaffeehaus, besuchte mit seiner Cousine Charlotte eine Antiquitätenmesse in der Hofburg und unternahm noch anderes, um sich nicht vorstellen zu müssen, was in seiner Wohnung vor sich ging.

Am dritten Tag holte er seine Wohnungsschlüssel beim Hygiene-Service ab und bezahlte die Rechnung. Er durchforstete jeden Raum genau. Ja, es sah danach aus, als hätte der Hygiene-Service seine Mitbewohner weggezaubert. Doch in einem der Küchenschränke fand er eine winzige weiße Raupe. Sein erster Gedanke war, die Rechnung des Hygiene-Service anzufechten, der zweite, die Raupe zu erschlagen. Dagegen rebellierte sein Gewissen. Er ließ das Tierchen auf ein Blatt der Gratiszeitung kriechen und verließ damit die Wohnung. Ins Freie ging er damit nicht, denn es schneite gerade heftig. Er schüttelte die Raupe auf den Fußabstreifer der Hausmeisterwohnung und hastete die Stufen hinauf zu seiner Wohnung.

Dr. Hohenadl
stiftet einen Kaktus

Es läutete. Dr. Hohenadl sah aus dem Fenster. Unten standen zwei Männer neben einem Lieferwagen. Dr. Hohenadl wusste, wer die beiden waren. Sie kamen vom Wilhelminenspital, um seinen Kaktus abzuholen. Es war ein Goldkugelkaktus, der mit den Jahren einen Umfang angenommen hatte, der alle Dimensionen sprengte. Daher überließ Dr. Hohenadl das bizarre Gebilde dem Wilhelminenspital als Dauerleihgabe. Dort würde der Kaktus im Stiegenhaus einen würdigen Platz erhalten. Dr. Hohenadls einzige Bedingung war, dass ein kleines Schild auf ihn als Spender hinweisen sollte. Das sagte der kaufmännische Direktor, Stefan Horner, ohne zu zögern zu. Er versprach auch aufmerksame Pflege.

Während die Männer die Stiege hochkommen, musste Dr. Hohenadl daran denken, wie klein der Kaktus gewesen war, als er ihn gekauft hatte. Die Ursache dafür war damals Elke Trabitsch gewesen. Er wollte Elke einen Blumenstrauß schenken. Eigentlich sollten es zwei Sträuße sein, einer für Elke und einer für seine Wohnung. Denn Dr. Hohenadl war der Besuch von Elkes Mutter angekündigt worden. Gertrude Trabitsch hatte den dringenden Wunsch, den »Zukünftigen« ihrer Tochter kennenzulernen. Auf ihre andauernden Fragen, wer dieser Dr. Hohenadl sei und was er beruflich mache, wie gut gestellt er sei und wie er aussehe, hatte sie von ihrer Tochter nur unbefriedigende Antworten bekommen.

Als Elke auf den Besuch zu sprechen kam und erzählte, dass ihre Mutter, wenn sie von ihm sprach, den Ausdruck »Zukünftiger« gebrauchte, erschrak er ein wenig. Da lag ein Missverständnis vor. Denn von »zukünftig« konnte, so wie Dr. Hohenadl seine Beziehung zu Elke verstand, keine Rede sein. Das war Dr. Hohenadl an dem Tag bewusst geworden, als er mit Elke an seiner Seite in der Kärntner Straße zufällig seinen beiden Brüdern begegnete. Er merkte, wie unangenehm das Zusammentreffen war. Auch der Grund war ihm klar: Er stand nicht zu Elke. Die Brüder begrüßten ihn sehr freundlich. Dr. Hohenadl entging nicht, dass der Mittlere mit Mühe ein Lachen zurückhielt. Das ärgerte ihn. Der Ältere nahm Elkes Hand und beugte sein Gesicht darüber. Elke erschrak und schien mit ihrer Hand zurückzuzucken, als befürchtete sie, der Mann könnte ihr in die Finger beißen. Aber der Ältere deutete bloß übertrieben einen Wienerischen Handkuss an. Das tat er wie aus Erbarmen. Dr. Hohenadl ging verärgert mit Elke weiter.

Alles, was im Blumenladen für Dr. Hohenadl in Frage kam, erschien ihm viel zu teuer zu sein. Der kleine Kaktus dagegen war günstig. Ja, der konnte einen Blumenstrauß nicht ersetzen, das war ihm klar, aber in einem Anflug von Leichtsinn – etwas ganz Seltenes bei Dr. Hohenadl – kaufte er ihn. »Echinocactus grusonii« stand auf dem Plastikschildchen, das in der Topferde steckte.

Elke sprach immer wieder von ihrer Mutter. Elke schimpfte über sie, kritisierte sie als materialistisch, als hart, grob und egoistisch. Schon nachdem sie und Dr. Hohenadl einander nicht länger als vier Wochen gekannt hatten, hätte ihre Mutter gefragt, ob ihr der Mann hoffentlich schon Zugang zu seinem Konto verschafft hätte. Als Schwiegersohn wünsche sich die Mutter, wie Elke sagte, einen Arzt, denn sie wolle im Alter medizinisch gut versorgt sein.

Hat schon einmal eine Tochter ihre Mutter so heftig abgelehnt, wie Elke dies tat? Ihren Vater, der schon lange tot war, schilderte sie als nachgiebig und sanft. Das alles wusste Dr. Hohenadl längst, aber Elke rief es ihm in den Tagen vor Mutters Besuch mit Nachdruck in Erinnerung. Sie wollte damit eine Warnung aussprechen. Er sollte, dachte Dr. Hohenadl, auf das Ärgste gefasst sein.

Er tat es, aber es reichte nicht. Elke hatte vergessen, die Frau als herrisch und aufdringlich zu schildern, als besserwisserisch und vor allem als abgrundtief hässlich.

Sie kam herein und verzerrte ihr Gesicht, als sie Dr. Hohenadl kräftig die Hand schüttelte. Sofort sah sie sich um und kommentierte: »Sehr schön. Sehr schön.« Ihr Tonfall drückte genau das Gegenteil aus. Die Mutter überragte Elke um Haupteslänge. Dr. Hohenadl forschte nach Ähnlichkeiten. Auf den ersten Blick schienen gar keine vorhanden zu sein, aber bei genauerem Hinsehen waren doch Übereinstimmungen zu erkennen. Elkes Nase war nicht so extrem gebogen, und der Hals war frei von Falten. Aber Dr. Hohenadl ließ vor sich einen Film ablaufen, wie er ihn ähnlich einmal im Naturkundemuseum von Amsterdam gesehen hatte. Blitzschnell wechselten die Porträtaufnahmen eines Kindes, bis dieselbe Person als hinfälliger Greis erschien. Sein Film zeigte nun Elkes Porträt, es veränderte sich im Zeitraffer, und das Ergebnis war ein Gesicht, das aussah, als wäre sie die Zwillingsschwester ihrer Mutter. Das bereitete ihm Unbehagen.

Elke benahm sich in Gegenwart ihrer Mutter klein-laut. Keine Spur von Auflehnung. Im Vergleich zu dieser klobigen Frau sah sie fragil aus. Aber Dr. Hohenadl wusste genau, wie fatal sich die dahinjagende Zeit auf die Erscheinung eines Menschen auswirken konnte. Nur in raren Fällen gelang der Zeit das Umgekehrte, eine Art Verschönerung im Alter. In Form eines Zugewinns an Würde.

Die Mutter sah sich genau um. Wie mit schärfster fotografischer Speicherung schien sie jedes Detail zu registrieren. Sie fuchtelte mit den Händen und fasste wie zufällig an die Vorhänge, um die Qualität des Materials zu prüfen. »Das Parkett hat ein ehrwürdiges Alter«, sagte sie. »Man merkt es am Knarzen.«

Dr. Hohenadl holte aus der Küche das Kaffeeservice. Elke half ihm, Kanne und Tassen ins Wohnzimmer zu tragen. Die Mutter redete weiter, auch als die beiden nicht im Raum waren. »Der Geruch in der U-Bahn war wieder einmal nicht auszuhalten. Fahren Sie oft mit der U-Bahn? Müssen Sie jeden Tag aus dem Haus? Dr. Hohenadl antwortete, als er wieder im Zimmer war. »Nur hie und da fahre ich mit der U-Bahn. Heutzutage muss einer nicht jeden Tag hinaus. Man ist mit der Welt vernetzt, und das genügt in vielen Fällen.«

»Welchen Beruf meinen Sie?«

Auf diese Frage war Dr. Hohenadl vorbereitet.

»Privatier.«

»Was kann man darunter verstehen?«

»Eine Art Manager. Ich manage mich selbst.«

Das sagte er in einem Ton, mit dem es ihm gelang, die Fragerei der Mutter vorerst zu stoppen.

Dr. Hohenadl kam es vor, als hätte die Mutter, während er in der Küche war, die Tür zum Schlafzimmer geöffnet. Jedenfalls huschte sie, als er das Wohnzimmer wieder betrat, zurück zu ihrem Platz am Tisch.

»Ah, Petersilie zum Kaffee. Das ist sehr originell!«

Dr. Hohenadl ärgerte sich über diese Bemerkung. Sie betraf das Herend-Service, das beste, das er besaß. Die Frau schien keine Ahnung zu haben, dass die Herend-Manufaktur einst das Kaiserhaus beliefert hatte.

»Man kann die Petersilie auch noch sehen, wenn der Kaffee bereits eingegossen ist«, sagte die Mutter zu Elke, während Dr. Hohenadl wieder in der Küche war.

Dr. Hohenadl stellte einen flachen Korb mit Gebäck auf den Tisch, Kipferln, Hörnchen, Brioches und zwei Topfenkolatschen. Es fiel ihm ein, dass die Deutschen von »Quarktaschen« sprachen, was in seinen Ohren wie eine grobe Verunglimpfung des appetitlichen Gebäcks klang.

»Elke sagt, Sie verstünden eine ganze Menge von Antiquitäten.« Sie blickte sich um. »Sind die Möbel hier auch antik?«

»Der Begriff ist schwammig. Aus der Antike stammen sie nicht. Aber auch nicht aus gegenwärtiger Massenproduktion.«

»Man merkt ihnen jedenfalls an, wie edel sie sind.«

»Wir waren auch schon gemeinsam bei einer Auktion.« Es war das erste Mal, dass sich Elke am Gespräch beteiligte.

»Zu einer Auktion würde ich niemals gehen. Man sitzt gutmütig da, wischt sich gedankenverloren über die Stirn, schon gibt einem der Auktionator den Zuschlag. Und man zahlt womöglich ein Leben lang ein Ding ab, das man gar nicht haben wollte. Ich weiß genau, wie es dort zugeht. Ich habe davon in der Zeitung gelesen. In einer deutschen. Die österreichischen Zeitungen sind nur zu gebrauchen, wenn man nasse Schuhe ausstopfen muss. In Sonderfällen auch zum Fensterputzen.«

Die Mutter biss in eine Brioche und zog an dem Gebäckstück. Es gab nicht auf Anhieb nach. »Ihr Bäcker scheint Wert auf Robustheit zu legen.«

»Er hat einen sehr soliden Ruf und gibt seine abgelaufenen Sachen an einen Sozialmarkt ab. Das rechne ich ihm hoch an.«

»Ist das eine Sängerin?« Die Mutter zeigte auf ein Ölbild an der Wand.

»Es ist die Großmutter. In der Rolle der Ophelia. Sie war Schauspielerin an der Burg«, antwortete Elke anstelle Dr. Hohenadls.

»Heutzutage kann man eh nicht mehr ins Theater gehen. Die Schauspieler können nicht sprechen, und die Regisseure sind verrückt.«

Trotz ihres Gemütspanzers dürfte die Mutter mitbekommen haben, wie deplatziert sie in Dr. Hohenadls Wohnung war. Jedenfalls beendete sie ihren Besuch schon nach einer halben Stunde. Sie behauptete, noch ein paar wichtige Erledigungen machen zu müssen. Elke zog sie hinter sich nach, als müsste sie ihre Tochter in Sicherheit bringen.

Elke berichtete am nächsten Tag über die Nachrede. Er sei glatt durchgefallen. »Keine Blumen in der Wohnung. Das Gespräch einfältig. Der Kaffee dünn, das Gebäck alt. Eine Torte wäre das Mindeste gewesen.«

Dr. Hohenadl nahm die vernichtende Kritik sehr gelassen. Ja, außer dem kleinen Kaktus waren keine anderen Pflanzen da gewesen. Auch das mit dem Gebäck mochte stimmen. Die Angestellten der Bäckerei hatten gerade die

Kisten für den Sozialmarkt fertig gemacht und für ihn mit gehörigem Rabatt noch einiges abgezweigt.

An das alles musste Dr. Hohenadl denken, bis er von einem Läuten aus seinen Erinnerungen gerissen wurde. Jetzt standen die zwei Männer, der eine mit der Mütze, der andere mit dem weitkrempigen Hut, vor der Wohnungstür. Letzterer stellte sich als die rechte Hand des kaufmännischen Direktors Stefan Horner vor und überbrachte dessen Grüße. Er brach gleich in ein Ah und Oh aus, als er den riesigen Kaktus sah, der so prall aussah wie aufgeblasen.

»Es wird schwer sein, ihn durch die Tür zu kriegen«, sagte der mit der Wollmütze und mit Tragegurten in der Hand. Wir brauchen Verstärkung.« Der mit dem Hut bat, anrufen zu dürfen, und er entschuldigte sich dafür, dass sich die Prozedur verzögern würde. Dr. Hohenadl bot ihnen Platz an.

»Ein echter Echinocactus grusonii«, sagte die rechte Hand des kaufmännischen Wilhelminenspital-Direktors. »Einen so großen habe ich noch nie gesehen. Er dient als Wirtspflanze für die Cochenille-Laus. Sie braucht man zur Herstellung von Campari und zur Produktion von erstklassigem Lippenstift.«

Dr. Hohenadl machte große Augen. Der mit dem Hut dozierte weiter. »Manche sagen auch ›Schwiegermuttersessel‹ zu ihm. Die Azteken haben auf ihm Menschenopfer dargebracht.«

Er stand auf und ging zum Kaktus hin, wie um ihn auf Blutspuren hin zu überprüfen. Dr. Hohenadl bedauerte im Nachhinein, dass der Kaktus damals noch so klein gewesen war, als Gertrude Trabitsch, Elkes Mutter, seine Wohnung inspiziert hatte.

Dr. Hohenadl
freut sich auf China

Dr. Hohenadls Cousine Charlotte rief an und lud ihn für den übernächsten Abend zu einem Heurigen ein. »Die Einladung geht nicht von mir persönlich, sondern von der österreichisch-chinesischen Gesellschaft aus.« Das machte Dr. Hohnadl hellhörig. Sie sei schon seit zwei Jahren Mitglied der Gesellschaft und habe es keinen Tag lang bereut. Seit Charlotte in St. Pölten lebte, nahmen ihre Mitgliedschaften bei diversen Vereinigungen und Vereinen in Wien zu. Damit glaubte sie, der Gefahr, in St. Pölten von der Welt abgeschnitten zu werden, entgegenwirken zu können. Nun schien sie also dabei zu sein, auch die Völkerfreundschaft zwischen Österreich und China zu stärken.

»Es ist ein sehr wichtiger Gast da, er reist morgen zurück, und am letzten Abend soll er nicht allein bleiben, er braucht Betreuung.«

»Du gibst dich für Escort-Dienste her?«

»Kompletter Unsinn! Der Mann soll seinen Wien-Aufenthalt in einem guten Lokal ausklingen lassen können. Das ist eine Aufgabe, die ich von der Gesellschaft übernommen habe. Und damit die Unterhaltung ja reichlich Substanz bekommt, lade ich dich zusätzlich dazu ein.«

»Ich bin der Zusatz.«

»Du bist das, als was du dich einbringst. Muss ich es noch einmal sagen? Du bist eingeladen.«

Das war ein starkes Argument. Charlotte kannte ihren Cousin als jemanden, der einen ausgeprägten Instinkt dafür hatte, kostengünstig durchs Leben zu kommen.

Dr. Hohenadl sagte zu, rief aber noch einmal an. Das Stichwort »China« hatte in ihm etwas ausgelöst. Möglicherweise trug er schon seit langem eine schlummernde China-Sehnsucht in sich herum, und jetzt war sie aufgeweckt worden. Wahrscheinlich hatte das Phänomen mit seinem Vater zu tun, der einen guten Teil seines Lebens auf einer Chaiselongue gelegen war und nachgedacht hatte, weil er sich als Philosoph verstand. Oft hatte er von Konfuzius und von Laotse gesprochen. Er war dagegen, den einen gegen den anderen auszuspielen, trachtete vielmehr danach, beide in Einklang miteinander zu bringen. Daran, so war Vaters Hoffnung, hätten die drei Sohne, zumindest einer von ihnen, anknüpfen sollen. Das war jedoch nicht geschehen. Dr. Hohenadl hatte deshalb permanent ein schlechtes Gewissen. Nun nahm er sich vor, sich intensiv der Thematik zu widmen. Es musste ja nicht gleich ein Bündel neuer Erkenntnisse dabei herausschauen.

Dr. Hohenadl erkundigte sich nach der Gesellschaft, nach den Aktivitäten. Charlotte kam von sich aus auf den Mitgliedsbeitrag zu sprechen und nannte die vierzig Euro jährlich. Was bezweckte sie damit? Wollte sie ihn von vornherein abschrecken? Wollte sie ihn von der Gesellschaft fernhalten? Dr. Hohenadl erfuhr von Vorträgen, Führungen, Seminaren, eben von Aktivitäten, die alle derartigen Organisationen in ihrem Programm hatten. Ihn interessierten vor allem die Reisen. Charlotte berichtete von einer intensiven Reisetätigkeit, von allgemeinen Besichtigungsreisen bis zu speziellen Touren wie zum Beispiel einer

Panda-Reise. Sie selbst werde demnächst eine Gruppe begleiten, die eine Übersichtsreise plant.

Dr. Hohenadl fühlte, wie ihn diese Auskünfte belebten. Eine Reise nach China war ihm immer als etwas Unerreichbares erschienen. Und jetzt hörte er, wie einfach sich ein derartiges Vorhaben verwirklichen ließe. Was hieß das genau, wenn Charlotte sagte, sie würde eine Gruppe begleiten? Schon in diesem Stadium hatte er einen vagen Plan im Hinterkopf. Würde es ihm gelingen, sich in dieser Gesellschaft auf irgendeine Weise nützlich zu machen, müsste es dann nicht möglich sein, im Zuge einer Art Dienstreise oder eben auch als Begleiter kostengünstig nach China zu gelangen? Hörte man nicht immer wieder von großzügigen wechselseitigen Einladungen, die bei völkerverbindenden Einrichtungen dazu da waren, für die bestmögliche Atmosphäre zu sorgen? Schließlich käme es ja wirklich nicht darauf an, ob in einem großen Flugzeug ein Passagier mehr oder weniger säße. Davon sagte er Charlotte jedoch vorerst nichts, trieb aber seine Überlegungen voran.

Von jetzt auf gleich ging er daran, alle seine Kenntnisse über China zusammenzukratzen und aufzufrischen. Ein Grundinteresse war ja wirklich vorhanden. Viel an Wissen über China brauchte es ja nicht zu sein, um an dem Abend das eine oder andere Detail ins Gespräch einzustreuen. Ein paar effektvoll platzierte Einzelheiten würden sicher Eindruck machen und den Gast aus China vermuten lassen, einen Experten vor sich zu haben, den man sich warmhalten müsse.

Das Erste, was er tat, sah für Dr. Hohenadls Verhältnisse nach purem Leichtsinn aus. Er fuhr zur österreichisch-chinesischen Gesellschaft in der Josefstädter Straße, meldete seine Mitgliedschaft an und legte den Mitgliedsbeitrag für ein Jahr, vierzig Euro, bar auf den Tisch. Nicht einmal ein leichter Anflug von Schmerz meldete sich in seinem Inneren angesichts dieser doch beträchtlichen Investition.

Charlotte kam zu ihm. Im Taxi fuhren sie zum Hotel Marriott, um den chinesischen Gast abzuholen. Es war nicht bloß einer, sondern zwei, die im Foyer warteten. Charlotte stellte Dr. Hohenadl als Privatgelehrten vor. Visitenkarten wurden getauscht. Der eine Chinese hieß Mao Zetan und war Ethnologe, sein Begleiter, der viel kleiner war und eine schwere Fotoausrüstung trug, nannte sich Tingting oder so ähnlich. Dr. Hohenadl verstand ihn schlecht.

Die Fahrt ging hinaus nach Neustift zum Fuhrgassl-Huber. Dr. Hohenadl wunderte sich, denn Charlotte redete mit Mao Zetan über den Heurigen Fuhrgassl-Huber, als wäre ihnen der vertraut wie ihr eigenes Zuhause. Mao Zetan wurde vom Personal äußerst freundlich begrüßt und behandelt wie ein Ehrengast. Es war nicht sehr voll. Eine Busladung aus dem Ruhrgebiet ließ sich vernehmen, aber Japaner kamen erstaunlicherweise nur vereinzelt vor. Die Zithermusik klang viel dezenter, als Dr. Hohenadl erwartet hatte. Eine Stube wurde ihnen zugewiesen, die vor größerem Lärm weitgehend geschützt war. Sofort kam der Wein an den Tisch, Mao Zetan bestellte ein Blunzengröstl mit verblüffender Selbstverständlichkeit, so als würde er sich tagaus, tagein von Blunzengröstl ernähren. Charlotte wollte einen Surbraten mit Knödel und Sauerkraut haben, und Dr. Hohenadl holte sich vom Buffet ein mageres Karree. Tingting hatte zunächst keine Zeit, weil er mit seiner Fotoausrüstung beschäftigt war. Tinting fotografierte alles, Menschen, die Einrichtung, das Personal, die Dekorationen und die Speisen. Dr. Hohenadl wunderte sich, wie gewandt Mao Zetan Deutsch sprach. Ungewöhnlich war lediglich, dass er zwischen den Sätzen sehr viel lachte. Er erkundigte sich nach Dr. Hohenadls Studien und löste damit eine nur ganz kurze Verlegenheit aus. Dann legte Dr. Hohenadl los. »Meine Gebiete sind breit gestreut. Aber China ist selbstverständlich einer der Schwerpunkte. Mein Vater, der ein Philosoph war, befasste sich eingehend mit Laotse und mit Konfuzius. Da ist unweigerlich manches hängen geblieben.« Mao Zetan schien das sehr zu freuen.

»Er war langjähriges Mitglied der österreichisch-chinesischen Gesellschaft, und ich bin es selbstverständlich auch.«

Mao Zetan war sichtlich angetan, und Charlotte stieß ihrem Cousin in die Seite. Zum Beweis zog Dr. Hohenadl seine frische Mitgliedskarte aus dem Portemonnaie. Charlotte war ein wenig irritiert. Sie wollte im Gegenzug ihren Cousin zum Staunen bringen, indem sie sagte, Herr Mao Zetan sei ein ausgewiesener Kenner des österreichischen Brauchtums und hätte gerade ein paar Wochen in Tirol verbracht, wo er die verschiedenen Formen des Almabtriebs studiert hätte. Bei Almabtrieben kannte sich Dr. Hohenadl nicht besonders gut aus, fieberhaft dachte er nach, was er zum Stichwort Brauchtum beisteuern konnte. Nein, auf diesem Gebiet war er überhaupt nicht sattelfest. Zum Glück fing Herr Mao Zetan an, mit Begeisterung von seinen Neuentdeckungen zu erzählen.

Die Situation entspannte sich noch weiter, als ein Stichwort kam, bei dem Dr. Hohenadl einhaken konnte. Herrn Mao Zetans Spezialwissen komme nicht von ungefähr, denn die Provinz Shaanxi, woher er stamme, sei berühmt für die absonderlichsten Bräuche, sagte Charlotte.

Das war eine Steilvorlage für Dr. Hohenadl, um sich gehörig einzubringen. In der Provinz Shaanxi, da liege doch die berühmte Stadt Xian, und das sei wohl eine der berühmtesten in der Welt überhaupt. Er hätte in den 1970er-Jahren in der Maturaklasse ein Referat über die Terrakotta-Armee von Xian gehalten, jenen Kriegern, die dort zu Tausenden in Lebensgröße in Reih und Glied das Grab des Kaisers Qin Shihuangdi bewachen. Dr. Hohenadl redete sich in ein Feuer hinein, als er nun mit einer Kurzfassung dieses damaligen Referats loslegte. Charlotte war es ein wenig peinlich, weil ja Herr Mao Zetan das alles ganz genau wissen musste. Sie trat ihrem Cousin unter dem wuchtigen Holztisch mehrmals auf den Fuß, um ihn zu stoppen. Es gelang ihr nicht. Er kam dann aber doch zu einem Ende, und Herr Mao Zetan, der das Blunzengröstl längst aufgegessen hatte, deutete einen Applaus an. »Sie haben alles so lebhaft geschildert, Sie müssen schon mehrmals dort gewesen sein«, sagte Mao Zetan.

»Leider gar nicht. Aber ich muss da hin, das ist klar.« War das deutlich genug für Mao Zetan? War es nicht naheliegend, Dr. Hohenadl einzuladen, damit er dieses Referat des Öfteren vor Reisegruppen an Ort und Stelle hielt?

Herr Tingting tauchte mit seiner Fotoausrüstung rechtzeitig vor der Fahrt in die Stadt wieder auf.

Der Abschied von Herrn Mao Zetan fiel herzlich aus, wenn auch der Satz, »Es würde mich außerordentlich freuen, wenn wir uns möglichst bald in Xian wiedersehen könnten«, nicht fiel.

Noch am selben Abend erfuhr Dr. Hohenadl Erstaunliches über Mao Zetan. Er sei, wie Charlotte erzählte, der

Initiator der Initiative, den Heurigen Fuhrgassl-Huber in Xian eins zu eins nachzubauen.

Dr. Hohenadl war baff. »Der Fuhrgassl-Huber wird geklont?«

»Sie haben eine perfekte Kopie geschaffen. Die Eröffnung wird in zwei Monaten stattfinden. Das ist aber nicht alles. Mao Zetan ist auch dahinter, österreichische Bräuche in China einzuführen, und das schon seit Langem. Er ist dafür schon vom Bundespräsidenten mit dem Ehrenkreuz für Wissenschaft und Kunst ausgezeichnet worden. Inzwischen gibt es in China Bräuche, die bei uns bereits ausgestorben sind. Volkskundler sind ganz gierig darauf. Sie reisen nach China, um verschüttete Aspekte unserer heimischen Kultur, die dort weiterleben, zu studieren. Das muss man sich vorstellen! Zum Beispiel ›Das Luftstrampeln‹, das früher in Innervillgraten praktiziert worden sein soll. Ein junger Mann steht kopfüber in einem Fass und summt. Das Fass wird von anderen umkreist, die Spottverse singen, und zwar in einem Dialekt, den niemand mehr versteht. Ein anderer Brauch ist ›Das Unter-einem-Mutterschwein-Durchkriechen‹, ein vorchristlicher Fruchtbarkeitsbrauch, der aus Tschagguns stammt. Auch der Brauch, bei dem junge Männer sich Heuballen auf den Rücken binden lassen, ist nun in China gebräuchlich. Er soll in Urzeiten im Montafon daheim gewesen sein. Die Heuballen werden angezündet, die jungen Männer rennen los, werden vom Gejohle der Zuschauer buchstäblich angefeuert und springen in einen Teich. Ich habe Filmaufnahmen gesehen. Hinreißend!«

»Ganz richtig«, sagte Dr. Hohenadl. »Hinreißend. Ja, genau, man muss hinreisen.«

»Für den Heurigen in Xian ist nun alles perfekt. Mao
Zetan hat bei seinem Besuch in Wien jetzt noch zwei Musi-
ker engagiert, einen Zitherspieler und einen Sänger. Der
eine ist ein pensionierter Philharmoniker und der andere
ein emeritierter Professor der Wiener Musikuniversität.«

Dr. Hohenadl
will ein Patent anmelden

Dr. Hohenadl rief Alois Haslinger im Funkhaus in der Argentinierstraße an und bat ihn, nicht darüber erstaunt zu sein, worum er ihn gleich bitten werde. Dr. Hohenadl bat um Pferdegetrappel. Alois Haslinger, der als Tontechniker beim Rundfunk arbeitete, war überhaupt nicht erstaunt, sondern tat vielmehr so, als würde er immer wieder, so gut wie täglich, nach Pferdegetrappel gefragt werden. Er sagte lediglich: »Du musst dich präziser ausdrücken. Welche Art Pferdegetrappel soll es denn sein? Pferdegetrappel auf Sandboden klingt ganz anders als Pferdegetrappel auf steinigem Untergrund, und anders auf Pflaster und wieder anders auf Steppenboden. Und dann muss ich wissen, ob das Tier geritten wird oder ob es einem Gefährt vorgespannt ist. Letztlich kommt es auch sehr auf die Geschwindigkeit an.«

»Ich meine ein Pferd auf Straßenpflaster, und was die Geschwindigkeit betrifft, so würde ich sagen: Schritt. Vielleicht dazu auch noch Trab. Kein Getrappel von einem Reitpferd, nein, das Pferd zieht einen Wagen, genauer: eine Kutsche. Musst du die Rasse des Pferdes auch wissen?«

»Ich glaube, die Rasse können wir vernachlässigen. Außer dir kommt es auf Spitzfindigkeiten an.«

»Nein, nein, keine Spitzfindigkeiten. Du kannst mir einen Zusammenschnitt auf einer CD geben?«

Selbstverständlich konnte das Alois Haslinger. Als Dr. Hohenadl die CD bekam, war nicht nur verschiedenes Getrappel drauf, sondern auch einige Varianten von Pferdegewieher. Zu dieser Zeit befand sich Dr. Hohenadl inmitten heftiger Überlegungen. Der Auslöser war ein Vorfall in der Währinger Straße, Ecke Schwarzspanierstraße gewesen. Er hatte die Straße leichtsinnigerweise nicht auf dem Zebrastreifen überquert, sondern fünfzehn Meter daneben, hatte jedoch geglaubt, sich zuvor links und rechts sorgfältig vergewissert zu haben. Das traf aber nicht zu. Dreißig Zentimeter vor ihm kam mit quietschenden Reifen ein Auto zum Stehen. Der Fahrer öffnete ein Fenster und brüllte ein paar unflätige Bemerkungen heraus. Als der Wagen weiterfuhr, schaute ihm Dr. Hohenadl verdattert nach. Es war ein Gespensterauto, es gab kein Geräusch von sich. Eine Viertelstunde brauchte Dr. Hohenadl, bis er sich an die Stirn schlug und laut vor sich hinsagte: »Natürlich, ein Elektroauto!«

Damit ließ er es nicht bewenden. Es ärgerte ihn, weil er sich lächerlich benommen hatte, und musste in den nächsten Tagen immer wieder an das Beinahe-Unglück denken. Es war nicht fair gewesen, dass das Auto aufgetaucht war, als wäre es ohne Vorwarnung plötzlich aus dem Boden gewachsen. Ein normales Auto machte durch ein näherkommendes Geräusch auf sich aufmerksam. Dr. Hohenadl fing an zu recherchieren und stieß auf einen bedenklichen Missstand: Einerseits hatte die Zunahme der Elektroautos positive Seiten. Der Ausstoß von Stickoxiden nahm ab, die Luft in den Ballungszentren wurde besser und der Lärmpegel sank. Andererseits aber nahmen zugleich schwerwiegende Verkehrsunfälle zu. Der Grund: Die Menschen wurden ohne Vorwarnung von den geräuschlosen Autos umgefahren. Das ließ Dr. Hohenadl keine Ruhe. Er fing an, Ideen zu produzieren.

Sein Leben lang hatte er versucht, seinem Vater nachzueifern. Der war ein Philosoph gewesen, war den ganzen Tag auf einer Chaiselongue gelegen und hatte nachgedacht. Sein Denken war also sehr theorielastig gewesen. Dr. Hohenadl dagegen wollte mit seiner Art des Nachdenkens einen unmittelbareren Nutzen für die Menschheit schaffen. Daher hatte er sich schon mit etlichen praktischen Vorschlägen an den Wiener Magistrat gewandt und sich durch wiederholte Zurückweisungen verschiedener Ämter nicht entmutigen lassen.

Nun brauchte er keine fünf Minuten, bis ihm einfiel, dass die Autos eben dazu angehalten werden müssten, künstliche Motorgeräusche von sich zu geben. Er hielt dies für eine brauchbare Methode und die technische Umsetzung für kein besonders großes Kunststück. Dr. Hohenadl forschte weiter und stieß prompt auf einen Artikel, der darüber informierte, wie intensiv die verschiedenen Autohersteller daran arbeiteten, ihren stummen Elektroautos Motorgeräusche beizubringen. Weiter reichte deren Fantasie offenbar nicht. Für sie war klar, dass ein Auto nichts anderes als Motorgeräusche produzieren könne. Wörtlich stand da: »Ein Kamel würde ja auch nicht plötzlich wie ein Vogel zwitschern.« Diese Bemerkung fand Dr. Hohenadl besonders albern. Die Menschen müssten sich auf grundlegende Standards verlassen können, hieß es weiter. Zudem gebe das anschwellende Motorengeräusch den Fahrern das Gefühl, Herr über eine Kraftmaschine und daher mächtig zu sein und ferner anderen mit dünneren Geräuschen überlegen. Der Artikel gipfelte in dem Satz: »Der Versuch, die sozialen Unterschiede durch die Gleichmacherei des Elektroautos einebnen zu wollen, ist abzulehnen.«

Diese Meinung teilte Dr. Hohenadl ganz und gar nicht. Mit bloßen künstlichen Motorgeräuschen wären seiner Meinung nach die Möglichkeiten, wie die Lautlosigkeit des Elektroautos genutzt werden könnte, bei Weitem nicht ausgeschöpft. Das Wort »Sounddesign« flog ihm zu. Die Art, wie es ihm zuflog, wies Dr. Hohenadl als schöpferischen Menschen aus. Es haben nämlich nur schöpferischen Menschen Eingebungen dieser Art. Sie quälen sich nicht damit, einem trockenen Hirn einen Einfall abzuringen, sondern warten ganz entspannt, bis er sich aus dem Nichts von selbst zeigt oder sich zufliegend nähert.

Dr. Hohenadl gab sich der Vorstellung hin, wie die Geräusche der Stadt vor hundertfünfzig Jahre geklungen haben mögen. Dominant waren in den Straßen das Pferdegetrappel und die ratternden Räder der Kutschen. Hundegebell und gelegentliche Zurufe von Menschen kamen hinzu. So idyllisch mag sich die akustische Kulisse jener Zeit angehört haben, die man »die gute alte« nannte. Dr. Hohenadl sah die Möglichkeit, sie mit Hilfe entsprechenden Sounddesigns wieder heraufzurufen. Freilich war perfekte technische Ausführung gefragt, um mit dieser Erfindung nicht einen Absturz in die Lächerlichkeit zu erleben.

Dr. Hohenadl bat den Toningenieur Alois Haslinger um ein Treffen im Café Jelinek. Er fiel nicht gleich mit der Tür ins Haus. Über Umwege brachte er das Gespräch auf die Elektroautos und fragte Alois Haslinger nach dessen Einschätzung. »Wir stehen erst ganz am Anfang. Der Durchbruch liegt noch vor uns, aber dann wird es ganz schnell gehen.«

Dr. Hohenadl äußerte Bedenken wegen der Unfallhäufigkeit aufgrund der Geräuschlosigkeit. »Daher habe ich mir den Spaß gemacht,« – er sagte »Spaß« und nicht etwa, dass es ganz ernsthafte Überlegungen waren – »ob es nicht möglich wäre, in der Stadt eine akustische Kulisse herzustellen so wie früher – mit den Geräuschen, die Kutschen machten und dazu Pferdegetrappel. Deshalb habe ich von dir die Tonbeispiele erbeten.« Dr. Hohenadl lachte und Alois Haslinger lachte auch. Es klang nicht gekünstelt.

»Ja, das klingt gut. Die Elektroautos werden in absehbarer Zeit in der Mehrheit sein. Früher oder später wird man die Verbrennungsmotoren in der Stadt verbieten. Und die Wiener wären für neue Geräusche in den Straßen womöglich sogar zu haben. Sie könnten vorangehen. Damit könnte sich die Stadt einen einzigartigen Ruf in der Welt einhandeln.« Alois Haslinger lachte wieder. Dr. Hohenadl fühlte sich ermutigt und sagte, ebenfalls lachend: »Vielleicht sollte ich mir die Idee von der Tourismuswerbung abkaufen lassen.«

Alois Haslinger wurde nachdenklich und knurrte. Das gehörte bei ihm zusammen. Dr. Hohenadl kannte diese Eigenheit und fand sie daher nicht mehr befremdlich.

»In dem Ansatz steckt aber noch viel mehr drin. Man muss davon ausgehen, welche Assoziation im Zusammenhang mit Wien am nächsten liegt.«

»Das ist die Musik. Eindeutig.«

»Genauso ist es.«

»Walzer.«

»Ja, durchaus vorstellbar: Walzer.«

»Wenn die Elektroautos Walzer von sich geben, könnte Wien klingen wie ein permanentes Neujahrskonzert.«

»Die Frage ist aber, ob die Wiener und die Besucher es aushalten würden, ohne spätestens nach einer Woche wahnsinnig zu werden.«

»Freilich müsste die Wiedergabe dezent klingen. Keine Aufnahmen also mit Dirigenten, die an preußischen Märschen geschult sind.«

»Wenn jedes Auto seinen eigenen Walzer spielte, wäre das Ergebnis allerdings die reinste Kakophonie, würde sich anhören wie ein Orchester, das seine Instrumente stimmt.«

Dr. Hohenadl war bis dahin noch nie aufgefallen, wie gut er sich mit Alois Haslinger verstand. Wie es schien, war der Ablauf ihrer Gedanken synchron geschaltet.

Alois Haslinger dachte laut: »Die Autos müssen sich untereinander koordinieren, sich gleichsam auf ein und denselben Walzer einigen.«

»Vollkommen richtig. Ich stelle mir vor, wie die Autos in der Schwarzspanierstraße den Walzer *Frauenkäferln* spielen, umschalten, sobald sie in die Währinger Straße einbiegen und sich dort in den Walzer *Wellen und Wogen* einklinken, den die Autos in der Währinger Straße gerade auf dem Programm haben.«

»Von Polkas würde ich übrigens absehen. Ich glaube, es könnte die Autofahrer zu Geschwindigkeitsübertretungen verführen. Der Donauwalzer müsste der Ringstraße vorbehalten bleiben! Es ist eine Sache der elektronischen Steuerung. Ohne Weiteres machbar.« Alois Haslinger hieb vor Begeisterung auf den wackeligen Tisch und lachte. Dr. Hohenadl lachte auch. Aber nicht so unbekümmert fröhlich wie sein Gesprächspartner, der seine Freude an der reinen Fantasterei hatte.

Bei der Verabschiedung bedankte sich Alois Haslinger ausdrücklich für die vergnügliche Unterhaltung. Dr. Hohenadl dagegen fühlte eine kaum auszuhaltende nervöse Anspannung, als er nach Hause eilte. Im Café war ihm zum Schluss noch etwas Besonderes eingefallen. Er biss sich auf die Zunge und verlor darüber gegenüber Alois Haslinger kein Sterbenswörtchen. Daheim setzte er sich sofort hin und schrieb unter der Überschrift »Den Elektroautos eine Stimme geben« alles, was zum Thema gehörte nieder. Und da stand dann am Ende auch der Einfall, den er vor Alois Haslinger verschwiegen hatte: In Straßen mit Einbahnregelung würde nur solistisch gespielte Musik zu höheren sein, bei zunehmend dichter werdendem Verkehr würden mehr und mehr Instrumente hinzukommen und schließlich einen orchestralen Klang ergeben.

Die Hauptarbeit, das sah Dr. Hohenadl schon bald, würde darin bestehen, in eine detaillierte Karte von Wien einzutragen, was wo gespielt werden sollte, um einen dissonanzfreien Zusammenklang zu erreichen. Besonders heikel waren die Kreuzungen. Und dazu musste er einen Spielplan entwerfen, der jede Woche wechselte. Weil er aber auf einer Wolke der Euphorie schwebte, empfand er die aufwändige Tätigkeit nicht als Arbeit. Für den Feinschliff ließ er sich eine ganze Woche Zeit. Am Ende wäre es naheliegend gewesen, das Konvolut Alois Haslinger zu zeigen, weil der ja unter Umständen als Co-Autor, zumindest als Mitdenker, hätte gesehen werden können. Diesen Gedanken schob Dr. Hohenadl zunächst beiseite.

Wer war nun der richtige Ansprechpartner? Der Tourismusverband? Nein, der revolutionäre Vorschlang ging weit über das Fassungsvermögen dieses Verbands hinaus. Wer sonst? Die für den Verkehr zuständige Magistratsabteilung 46? Durfte man den Beamten dort mit etwas kommen, das die Dimensionen einer kühnen Vision hatte?

Und wie sähe es mit der Honorierung aus? Diese Frage führte direkt zum Stichwort »Patent«. War nicht schon so mancher durch eine Erfindung zu Reichtum gekommen? Dr. Hohenadl malte sich eine glänzende Zukunft aus. Sein Name würde es in die Liste der gängigen Prüfungsfragen der Grundschule bringen. Und wie viel von den fließenden Tantiemen würde er an Alois Haslinger abgeben müssen? Könnte der seinen Anteil womöglich einklagen? Diesen Gedanken verdrängte er sofort wieder. Er besorgte sich sämtliche Unterlagen vom Österreichischen Patentamt in der Dresdner Straße und versuchte, daraus schlau zu werden.

Das Resultat war niederschmetternd. Dieses Patentamt war nicht etwa froh darüber, Anlaufstelle für wegweisende Erfindungen zu sein. Keine Spur von Stolz auf Männer und Frauen, die ganz wesentlich zur Mehrung von Österreichs Ansehen in der Welt beitrugen. Stattdessen schien dort eine recht niedrige Gesinnung zu herrschen, denn was das Amt am meisten zu interessieren schien, waren die Gebühren. Dr. Hohenadl sollte zunächst einmal zahlen, und zwar: »Mindestens 550 Euro müssen an das Patentamt bezahlt werden, um eine innovative Erfindung zu schützen. Zu den Anmeldegebühren kommen noch Recherche- und Verfahrensgebühren, Schriftgebühren und PCT-Gebühren hinzu.« Die Patentamtsgebührenverordnung wartete aber mit noch weiteren Feinheiten auf: Um das Patent am Leben zu erhalten, musste noch eine horrende jährliche Schutzgebühr entrichtet werden.

So lautete die Auskunft! Wer weiß, wie viele großartige Ideen in der Vergangenheit auf diese Art vom Amt schon im Frühstadium erstickt und abgewürgt worden waren! Dr. Hohenadls Freude an seiner Idee wurde ihm dadurch jedenfalls gründlich verdorben. Aber ein bisschen war er auch froh, denn die heikle Entscheidung, wie er Alois Haslinger hätte beteiligen müssen, blieb ihm erspart.

Dr. Hohenadl wusste genau, wie die Ideallösung aussehen sollte: Alois Haslinger zum Partner gewinnen, ihn beim Patentamt dazu bringen, die Gebühren zu übernehmen und ihm dafür die Hälfte der Ideen an dem Projekt überlassen. Das wäre nur gerecht und fast ein bisschen zu großzügig, fand Dr. Hohenadl.

Er wartete zu, weil er sich nicht Hals über Kopf an Alois Haslinger ausliefern wollte. Doch nach ein paar Tagen überfiel ihn Panik. Was, wenn Alois Haslinger die Idee ausplauderte und ein anderer erkannte, was für ein Potenzial darin lag. Die geniale Erfindung konnte so ungeschützt in die Öffentlichkeit geraten, und er hätte als Urheber womöglich das Nachsehen. Er musste rasch handeln.

Sie trafen sich im Café Jelinek, Dr. Hohenadl hatte seinen Text mit dem Titel »Den Elektroautos eine Stimme geben« dabei, überließ Alois Haslinger eine Kopie und leitete ihr Gespräch mit einem Scherz ein: »Ohne mich selbst über Gebühr loben zu wollen, muss ich sagen, es ist ein hübsches Stück Prosa geworden. Ich muss nur noch einen Verleger finden.«

»Es ist Literatur und nicht etwa eine Patentschrift?«

Dr. Hohenadl war erstaunt, wie rasch Alois Haslinger zum Kern kam. Die beiden wurden sich einig und prosteten sich am Schluss zu.

Alois Haslinger wurde konkret: »Sobald die Anmeldung perfekt ist, gehen wir an die Öffentlichkeit. Dann kommt die Sache ganz rasch ins Rollen.«

Dr. Hohenadl pflichtete ihm bei: »Nicht nur die Sache, sondern hoffentlich auch der Rubel.«

Zu zweit pfiffen sie den Walzer *Frauenkäferln* von Johann Strauss.

Dr. Hohenadl
erwirbt einen »Zauberspiegel«

Den Flohmarkt in der Neubaugasse besuchte Dr. Hohenadl regelmäßig. Er suchte nichts Bestimmtes, doch er rechnete permanent mit der Möglichkeit, etwas Günstiges, nein, etwas außerordentlich Günstiges zu finden. Hie und da nahm er ein Objekt in die Hand, etwa eine Glaskugel, in deren Innerem ein Schneesturm ausgelöst werden konnte, wenn man sie schüttelte, oder einen Hampelmann, der sich nur zögerlich herbeiließ, Arme und Beine andeutungsweise zu bewegen. Manchmal ließ er sich auf ein Gespräch mit dem einen oder anderen Anbieter ein. Einen Großteil des Angebots kannte er in und auswendig, aber immer wieder gab es Überraschungen.

So etwa jenen Mann, auf dessen Tischchen sich nur ein altes Fernsehgerät und ein Stapel Videokassetten befanden. Kinder und Jugendliche hätten das Gerät vermutlich gar nicht als Fernsehapparat wahrgenommen. Das Ding sah sehr kompakt aus mit seinen gerundeten Formen. Der Unterschied zu einem modernen Gerät war etwa so groß wie der zwischen einem der ersten Autos, die noch aussahen wie Kutschen, und einem Formel-1-Rennwagen. Dr. Hohenadl hatte ja noch vor sechs Monaten eines von diesen flachen, filigranen Geräten besessen. Sein Bildschirm allerdings sah im Vergleich zu jenem, der bei seiner Cousine Charlotte an der Wand montiert war, aus wie ein Spielzeug.

Länge und Breite wurden nicht wie bei ihm in Zentimetern, sondern in Metern gemessen. Charlotte sprach vom »Kinoerlebnis«, das sie sich gönnte.

Dr. Hohenadl litt, wenn sie in seiner Gegenwart ihr Monstergerät startete. Die Kriminalbeamten, die gerade in einem blutigen Fall ermittelten, erschienen in Überlebensgröße. Noch stärkere Panik überfiel ihn, wenn die österreichischen Politiker den Bildschirm füllten. Es kam vor, dass er sich in Nächten nach Fernseherlebnissen bei Charlotte in Albträumen wälzte. Unter den Politikern schien es aber Ausnahmen zu geben. Sie rechneten mit Familien, in denen es Monsterbildschirme gab, und berücksichtigten die erschreckende Wirkung, die ihre Gesichter auslösten. Mit ihren Trainern studierten sie harmlose Grimassen ein.

Sein Leben mit dem Fernsehen endete für Dr. Hohenadl vor rund sechs Monaten. Der Bildschirm war von jetzt auf gleich, ohne ein besonderes Geräusch von sich zu geben, gerade als in dem Film *Entr'acte* von René Clair eine Kanone direkt auf die Zuschauer feuert, schwarz geworden. Dr. Hohenadl war wütend und machte sich am nächsten Morgen auf den Weg zum Händler in der Zieglergasse 66. Der Verkäufer, dem er seinen Fall vortrug, lächelte milde. Er könne das Gerät ja dalassen, wenn er unbedingt wolle, und in einer Woche nachfragen. Aber so, wie er den Fall einschätze, werde sich eine Reparatur, wenn sie überhaupt möglich sei, nicht lohnen. Sie käme mit Sicherheit teurer als eine Neuanschaffung. Mit diesen Worten wollte er ihn gleich zu den neuesten Modellen führen. Dr. Hohenadl ärgerte die Überheblichkeit des Verkäufers und er nahm das Gerät wieder mit. Zu Hause stand es noch zwei Monate als Attrappe herum, erst danach bemühte sich Dr. Hohenadl um die Entsorgung. Das Kapitel Fernsehen war damit für ihn gestorben. Er freute sich am Gewinn an Zeit und wusste sich auf der Seite der ehrenhaften Zivilisationskritiker, die dem Fernsehen nachsagten, es übererfülle das Verlangen breiter Massen an Sensationsgier und Trivialität. Das waren im Grunde vorgeschobene Betrachtungen, denn vor allem freute es ihn, wie viel Geld er an Gebühren sparte. Er hatte zwar nie welche bezahlt, aber wenn er sie bezahlt hätte, dann hätte er sie sich jetzt, da er kein Gerät mehr besaß, erst recht gespart.

Aber um ehrlich vor sich selbst zu sein, gestand er sich ein: Den Film *Entre'acte* von René Clair hätte er damals nur allzu gerne bis zum Ende gesehen. Es war ein Schwarzweißfilm gewesen. Das gehörte zu seinem künstlerischen Rang. Selbstredend.

Dr. Hohenadl ging einige Male an dem winzigen Stand mit dem Fernsehgerät vorbei. Erst beim dritten Mal sah er, dass dies vermutlich nicht bloß ein Fernsehgerät war, sondern auch ein Radio, wie die Großeltern in Döbling eines gehabt hatten, eines mit einigen weißen Tasten wie aus Elfenbein und mit einem magischen Auge. Fernsehapparat und Radio waren gleichsam zu einer Einheit verschmolzen. Die Bildfläche mit abgerundeten Kanten saß in einer Vertiefung und hatte einen goldenen Rahmen. Das war viel mehr ein Kunstobjekt als ein technisches Gerät. Etwas Einzigartiges.

Der Anbieter dieser Kostbarkeit schien das nicht zu ahnen. Er stand da wie eine Säule und blickte in die Ferne. Dr. Hohenadl hatte inzwischen überlegt, dass sein damaliger Entschluss, auf das Fernsehen ganz zu verzichten, nicht für alle Ewigkeit gefallen war. Und dieses Gerät könnte ganz sicher eine starke Wirkung für sich selbst ausstrahlen, es brauchte gar kein Programm zu senden, triviale Sendungen würden es eher entweihen.

»Ein ganz besonderes Exemplar«, sagte Dr. Hohenadl.

Jetzt kam Leben in den großen Mann. »Ein ›Zauberspiegel‹«, sagte er.

»Ja, das ist ein guter Name«, pflichtete ihm Dr. Hohenadl bei.

»Ein Grundig-Schwarzweißfernseher, Marke Zauberspiegel, Type 349 mit Rundfunkteil und 43 cm-Bildröhre.«

»Zum Glück hat er überlebt. Das ist ja keine Selbstverständlichkeit in unserer Wegwerfgesellschaft.«

Dr. Hohenadl wollte damit einerseits seine große Anerkennung ausdrücken, andrerseits mit dem Wort »Wegwerfgesellschaft« andeuten, dass Geräte dieser Art längst den Weg alles Irdischen gegangen waren und daher keinen allzu großen materiellen Wert mehr hatten.

»Ich habe diesen ›Zauberspiegel‹ persönlich gerettet. Er funktioniert, wie er vor sechzig Jahren funktioniert hat. Hier ist das Tagebuch seiner Wiedergeburt. Darin wird jeder Schritt der Restaurierung beschrieben.«

Dr. Hohenadl tat, als wäre er außerordentlich interessiert, in der Hoffnung, seine lebhafte Anteilnahme könnte im Fall eines Kaufentschlusses eine erhebliche Preisreduktion auslösen.

»Der Zustand des Geräts war, als ich es gefunden hatte, bedenklich. Ich musste das Chassis mit Pertinax-Platinen ausbauen und mit dem Föhn trocknen.«

»Pertinax«, murmelte Dr. Hohenadl, als wüsste er, was darunter zu verstehen sei.

»Die Holzlackierung war rissig geworden. Aber das Gerät war seiner Zeit voraus gewesen, denn vor der Bildröhre war eine Schutzscheibe, die im Fall einer Implosion die Zuschauer vor Glassplittern geschützt hätte. Lebenswichtig, kann ich Ihnen sagen.«

»Klar, die Implosion«, sagte Dr. Hohenadl.

Der Mann schien froh zu sein, sich endlich einmal mit einem Gleichgesinnten unterhalten zu können. »Die WIMA-Papierkondensatoren waren alle aufgeplatzt, das Dilektrikum war herausgequollen, zudem war einer der Lastwiderstände defekt.«

Dr. Hohenadl fühlte, dass er nun etwas einwerfen musste, um weiterhin ernst genommen zu werden. »Und dennoch haben Sie nicht aufgegeben? Bewundernswert!«

»Naja, es wäre verständlich gewesen, zumal die interne Folienantenne durch Mausfraß beschädigt war und die Federn für die Bewegung der Tasten festsaßen, wie eingefroren. Aber es hatte mich eine Art Fieber gepackt. Steht alles in dem Protokoll zur Restaurierung. Doch, stellen Sie sich vor: Alle vierundzwanzig Bildröhren waren noch intakt!«

»Unvorstellbar! Nach so langer Zeit!«

»Aber eine harte Prüfung wartete noch auf mich: die Zeilenendstufe mit dem Zeilentransformator. Die Feuchtigkeit musste herausgezogen werden. Und das verlangte ein Höchstmaß an Sensibilität.«

»Ein Sieg also auf der ganzen Linie!«

Dr. Hohenadl legte in diesen Ausruf so viel Begeisterung, wie er nur konnte. »Es wäre schade, würde das herrliche Resultat einer so großen Anstrengung in einem Museum landen.«

»Das ist ganz meine Meinung.« Der Kummer in der Stimme des Verkäufers war nicht zu überhören. »Die Krönung ist die Schutzscheibe vor der Bildröhre!«

Dr. Hohenadl ging jetzt aufs Ganze: »Aber wer außer einem Museum könnte den Preis bezahlen?«

»Es käme drauf an«, sagte der Mann kryptisch.

»Sie merken, wie hingerissen ich bin. Und ich kann Ihnen sagen, warum.« Zum Glück fiel Dr. Hohenadl genau in diesem Moment ein Ausdruck ein, der nun gesagt werden musste.

»Das Gerät verkörpert für mich den hohen Standard für die schöne Form einer vergangenen Zeit. Und weil wir ein Bedürfnis danach haben, kommen wir heute darauf zurück. Natürlich schwarz-weiß! Was denn sonst? Keine Bonbonfarben! Ich sage nur: retro. Wie viel würden Sie verlangen?«

Der Mann sah auf den »Zauberspiegel« und dann auf Dr. Hohenadl. Ein paarmal ging sein Blick hin und her. Schließlich sagte er: »Fünfzig Euro.«

Dr. Hohenadl machte innerlich einen Luftsprung. Er hatte mit dem Fünffachen gerechnet. Der Verkäufer, der einen Handwagen dabei hatte, half ihm sogar beim Transport nach Hause. Dr. Hohenadl versicherte ihm, das Gerät werde einen Ehrenplatz erhalten und ganz bestimmt nicht wie ein gewöhnlicher Fernsehapparat behandelt werden, sondern viel eher als Kunstobjekt. Die Schmeichelei bewirkte immerhin, dass ihm der Verkäufer die Broschüre, in der die einzelnen Phasen der Restaurierung festgehalten waren, zum Geschenk machte. Beim Hinausgehen erwähnte er noch einmal den Schutzschild vor der Bildröhre.

Den Moment, als Dr. Hohenadl das Gerät erstmals einschaltete, zelebrierte er feierlich. Er goss sich – was er höchstens einmal im Jahr tat – sogar ein Glas Rotwein ein. Er starrte auf den Bildschirm. Es tat sich nichts. Er schaute weg, dann wieder hin. Es tat sich noch immer nichts. Das war nicht auszuhalten! Er sprang auf und lief im Zimmer hin und her. Da! Sah das nicht so aus, als wäre der Bildschirm nicht mehr ganz schwarz, sondern eher grau? Tatsächlich! Jetzt waren hell und dunkel schon recht gut zu unterscheiden. Gesichter tauchten auf, und dann waren auch noch Stimmen zu hören. Dr. Hohenadls Herz schlug schneller. Er war überglücklich und schaltete sofort aus, weil er das kostbare Objekt nicht überstrapazieren wollte. In den folgenden Tagen begnügte er sich damit, einfach davor zu sitzen und den Apparat wie ein Kunstwerk zu betrachten, das seinen Titel »Zauberspiegel« zu Recht trug.

Als sich Charlotte, seine Cousine aus St. Pölten, zum Besuch anmeldete, sah er voraus, dass er mit hartnäckigen Fragen konfrontiert werden würde. Sie würde es ihm sicher nicht ersparen, den Besitz des »Zauberspiegels« gründlich zu rechtfertigen. Am liebsten wäre er dieser Diskussion aus dem Weg gegangen und er machte auch einen schwachen Versuch dazu, indem er den »Zauberspiegel« mit einem Tuch verdeckte, das er aus einem Schrank hervorgekramt hatte. Das war kein gewöhnliches Tuch. Sein Vater hatte es einmal im Gegenzug für eine Spende geschenkt bekommen, ein Tuch, das aus dem *Kloster der Heimsuchung* in Panama stammte und mit Bildern von der Vogelwelt des Landes bestickt war. Dr. Hohenadl konnte die meisten von ihnen benennen: Fischertukane, Galapagosalbatrosse und Ameisendrossel.

Natürlich ging Charlotte, kaum dass sie den Raum betreten hatte, auf das Tuch zu, um es staunend zu betrachten. Dr. Hohenadl gab unaufgefordert die dazugehörigen Informationen. »Eine Schwester namens Riccarda soll zwei Jahre daran gestickt haben.«

Charlotte war beeindruckt und musste das Tuch selbstverständlich anfassen, um einerseits das Werk gebührend zu bewundern, und andrerseits, um zu sehen, was dahinter verborgen war. Es folgte ein langer Ausruf des Erstaunens, verbunden mit der Frage: »Was willst du denn damit? Das ist altes Zeug!«

Dr. Hohenadl fing mit seinen vorbereiteten Erklärungen an. Charlotte setzte ein süffisantes Lächeln auf, solange, bis das Wort »retro« fiel.

»Mit der Anschaffung dieses formschönen Geräts bewege ich mich auf der Höhe der Zeit.«

Das machte Eindruck auf Charlotte. Das Wort »retro« und seinen Stellenwert in der modernen Zeit kannte sie ganz genau. »Es ist ein reines Schaustück, nehme ich an.«

»Aber nein! Es funktioniert selbstverständlich. Schwarzweiß, selbstredend. Nur schwarz-weiß kann höheren ästhetischen Ansprüchen gerecht werden.«

Dr. Hohenadl schaltete ein und blieb ganz ruhig, als sich nichts tat. Charlotte fing an zu meckern, er ließ eine Bemerkung über »die Erziehung zur Geduld« fallen. Der Bildschirm wurde schließlich hell und plötzlich gleißend hell, als fahre mit lautem Knall ein Blitz durch das Gerät. Charlotte schrie auf und rannte in Panik zur Tür. Dr. Hohenadl duckte sich. Aber das wäre gar nicht nötig gewesen, weil der »Zauberspiegel« ja zum Glück mit einem Schutzschild vor der Bildröhre ausgestattet war.

Dr. Hohenadl
spendet auf eigene Weise

Prompt bekam Dr. Hohenadl drei Wochen vor Weihnachten einen Brief vom Blindenverband. Von einem Jahr zum anderen vergaß er auf die alle Jahre verlässliche Zusendung des Blindenverbands. Konnte er das Werbematerial, das im Postfach lag, einfach entsorgen? Er hätte es gern getan, schaffte es aber nicht. Bisher hatte er diesen Brief stets an den Absender zurückgeschickt. Aber er fühlte sich nicht gut dabei und fand sein Verhalten im Grunde nicht akzeptabel.

Der Brief des Blindenverbands enthielt einen Aufruf zum Spenden und einen entsprechenden Einzahlungsschein. Das war aber nicht alles. Der Blindenverband bettelte nicht einfach nur so um eine Geldspende. Er ging gleichsam in Vorleistung. Beigelegt waren drei Glückwunschkarten mit Weihnachtsmotiven. Das ganze Konvolut wegzuwerfen, hätte geheißen, drei Weihnachtsbilletts wegzuwerfen, die einen, wenn auch nicht besonders großen Wert darstellten. Der Empfänger sah sich auf diese Weise gleichsam in einer Pflicht gefangen.

Dr. Hohenadl verdrängte das Problem und schob die Entscheidung hinaus. Aber schon nach ein paar Stunden hielt er den Brief wieder in der Hand. Klar, der Zwiespalt wäre sofort zu lösen gewesen, wenn er mit dem Erlagschein einen bestimmten Betrag eingezahlt hätte. Aber Dr. Hohenadl war im Geldausgeben nicht leichtfertig. Aus diesem Grund ist er schon öfter als sparsam, gelegentlich aber auch schon als knausrig bezeichnet worden.

Im Begleitbrief war ausdrücklich von einer *Spende* die Rede. Daraus schloss Dr. Hohenadl, dass die Empfänger nicht bloß den Gegenwert der drei Glückwunschkarten samt dazugehörigen Kuverts erwarteten, sondern mehr. Um wie viel mehr? Diese Frage ließ sich nicht aus dem Stand beantworten.

Dr. Hohenadl empfand das Spenden als eine lästige und zudem kniffflige Angelegenheit. Schon oft hatte man lesen können, wie missbräuchlich Spenden verwendet worden seien. Oft hätten die Spenden ihre Adressaten gar nicht erreicht. Aber im konkreten Fall – das musste sich Dr. Hohenadl eingestehen – verfingen Argumente dieser Art gar nicht. Der Blindenverband galt als seriöse, über alle Zweifel erhabene Institution. Und dass sehbehinderte Menschen Hilfe verdienten, stand außer Frage.

Dr. Hohenadl sah sich die Glückwunschbilletts an. Ehrlicherweise gab er zu: Sie kamen ihm nicht ganz ungelegen. Wären sie ihm nicht zugeschickt worden, hätte er für seine Weihnachtspost welche kaufen müssen.

Aber wenn er nun diese Billetts verschickte, würden die Empfänger sofort wissen: Aha, Dr. Hohenadl verwendet die Weihnachtsbilletts des Blindenverbands. Er hat also gespendet und will uns damit beeindrucken. Will gut dastehen. Will uns womöglich beschämen. Weil wir ganz gewöhnliche Weihnachtsbilletts verschicken, welche, die beim Kauf nicht mit einer Spende verknüpft waren. Protzen wolle er aber auf keinen Fall.

Dr. Hohenadl sah sich die Glückwunschbilletts ein weiteres Mal an und dachte: Nun, die besten Künstler Österreichs sind für die Gestaltung nicht engagiert worden. Vermutlich war man darauf aus gewesen, auch einmal Durchschnittskönnern eine Chance zu geben und dem österreichischen Durchschnittsgeschmack gerecht zu werden. Der stellte offenbar keine hohen Ansprüche. Das eine Motiv zeigte den rot gekleideten Weihnachtsmann im verschneiten Wald, das zweite denselben Weihnachtsmann auf einem Schlitten in Fahrt (Dynamik!) und das dritte einen Tannenzweig samt roter Masche und goldenen Kugeln. »Unverzeihlicher Kitsch«, hätte Dr. Hohenadl befunden, wäre von dem Urteil nicht der Blindenverband betroffen gewesen. »Eine Beleidigung für das Auge«, hätte er dazu gesagt. Aber diese Formulierung verbat sich in diesem Fall erst recht. Auch diese Feststellung half ihm nicht weiter. Sie lieferte nicht genug Grund, um zu sagen: »Nein, bitte nicht! Mit Machwerken dieser Art will ich nicht behelligt werden!« Es wäre ja doch nur eine Ausrede dafür gewesen, sich vor der Spende zu drücken.

Noch einmal schob Dr. Hohenadl die Weihnachtsbilletts zur Seite, genauso wie jeden weiteren Gedanken daran. Es half aber nicht. Am Abend, im Bett liegend, fiel ihm der Blindenverband wieder ein. Es folgte eine unruhige Schlafphase und gegen drei Uhr war Dr. Hohenadl wieder wach. Und da wusste er die Lösung. Er sagte sich: Meine finanziellen Mittel sind begrenzt – nicht aber mein Idealismus. Stand im *Katalog der Guten Taten* nicht ganz oben: »Blinden Menschen über die Straße helfen?« Genau das nahm sich Dr. Hohenadl vor. Er wollte monatlich mindestens einer sehbehinderten Person zur Seite springen. Ja, er war entschlossen, seine Schuld abzuarbeiten. Es funktionierte doch auch im Restaurant. Wenn es sich herausstellte, einer konnte seine Rechnung nicht bezahlen, musste er dafür, angetan mit einer weißen Schürze, in der Küche Teller waschen.

Von dem Tag an hielt Dr. Hohenadl überall, wo er in der Stadt unterwegs war, Ausschau nach Menschen, begleitet von einem bedächtigen Hund oder mit einer gelben Armbinde. Es gab viel weniger Sehbehinderte, als er angenommen hatte. Einmal in der Weihburggasse sah er einen mit einem langen Stock, den der Mann virtuos an der Gehsteigkante entlang bewegte. Aber er hatte, so wie es aussah, nicht die geringste Absicht, über die Straße zu gehen. Außerdem war er nicht allein, eine Frau ging neben ihm her. Er hätte hier auf keinen Fall aktiv werden können. Dr. Hohenadl hätte aufdringlich gewirkt, die Begleiterin hätte womöglich protestiert und ihn für einen Handtaschenräuber gehalten.

Dr. Hohenadl fürchtete schon, dass sein Plan ein Fehlschlag sein würde, als das Resümee nach zwei Wochen lautete: drei Sehbehinderte, alle drei in Begleitung und keiner willig, die Straße zu überqueren. Er hatte nicht den Mut, jemanden um Rat zu fragen. Die Eingebung kam schließlich ganz von selbst: Er fragte sich, wo in der Stadt sich Sehbehinderte vermehrt aufhielten. Und seine Antwort war: in einem Blindenheim. Er fand die Adresse heraus und fuhr sofort hin. Baumgartenstraße im vierzehnten Bezirk. Er machte sich über die Lage kundig, und es dauerte nicht einmal eine halbe Stunde, bis an der Kreuzung Baumgartenstraße/Kefergasse eine Frau, nein, eine Dame mit weißem Stock die Straße überqueren wollte. Er war sofort an ihrer Seite und sagte: »Guten Tag, gnädige Frau, darf ich mir erlauben, Ihnen meinen Arm anzubieten?«

»Oh, gern, vielen Dank«. Und ungefähr in der Straßenmitte sagte sie: »Sie haben eine sehr angenehme Stimme.«

Dr. Hohenadl fühlte sich geschmeichelt und hatte von diesem Tag an kaum noch Angst, innerhalb überschaubarer Zeit auf sein Pensum guter Taten zu kommen, um sich zu Weihnachten mit gutem Gewissen die Billetts des Blindenverbands anzueignen.

Dr. Hohenadl
wird Taufpate

Dr. Hohenadl saß im Auto seines älteren Bruders auf dem Rücksitz. Sein Bruder saß am Steuer, dessen Frau Dörte neben ihm. Dr. Hohenadl sah auf den Hinterkopf seines Bruders. Es fiel ihm die Andeutung einer kreisrunden Glatze auf, aber noch auffälliger war der unprofessionelle Haarschnitt. Es waren deutlich Stufen zu erkennen, Zeichen, die sagten: Hier ist als Friseur ein Dilettant am Werk gewesen. Vermutlich lässt er sich von Dörte die Haare kürzen, um sich das Friseurgeld zu sparen. Er selbst hätte sich liebend gerne auch das Friseurgeld gespart, aber er hatte niemanden, der ihm die Haare gratis geschnitten hätte. Wohl unternahm er immer wieder Selbstversuche, aber es fiel ihm, weil er vor dem Spiegel seitenverkehrt agieren musste, sehr schwer, die Schere geschickt genug zu handhaben. Obwohl er sich nicht mit einem Spiegel begnügte, sondern links und rechts noch zwei andere ausklappen konnte, kam er mit dem Kürzen der Haare auf dem Hinterkopf nur ganz schlecht zurecht. Seit er einmal immer weiter gekürzt hatte, weil die Unregelmäßigkeiten ins Auge gesprungen waren, bis er nahe einer Vollglatze gewesen war, ließ er es ganz bleiben. So behalf er sich damit, den Zeitraum von einem Friseurbesuch zum nächsten so weit wie nur irgend möglich auszudehnen. Zurzeit hätte er einen Schnitt schon dringend nötig gehabt. Er sah aus, als wollte er Franz Liszt kopieren. Keiner ahnte, dass sich Dr. Hohenadl mit den langen Haaren manchmal stark wie der biblische Samson vorkam. Und das war der Grund, warum er eine Vollglatze als ultimative Lösung nicht in Erwägung zog. Dieses Märchen von einem Urvater Arnold Schwarzeneggers aus dem Alten Testament zählte zu seinen Favoriten. Samsons übermäßige Kraft saß in seinen langen Haaren. Das fand die heimtückische Delilah heraus und schnitt sie ihm ab, und er war erledigt. Dr. Hohenadl wäre sich mit einer Vollglatze nackt und wehrlos vorgekommen. Er bildete sich ein, in dem Maß, wie seine Haare wuchsen, an Kraft zuzunehmen.

Das Fahrziel war Salzburg. In Salzburg, in der Kirche St. Peter sollte eine Taufe stattfinden. Elisabeth, Johanna, Walpurga, Franziska, Hildegard sollte das Mädchen heißen, um das es ging. Und Dr. Hohenadl war zum Taufpaten bestimmt worden. Ja, genauso war es ihm mitgeteilt worden. Der Familienrat habe beschlossen, er sei nun als Taufpate an der Reihe. Dr. Hohenadl war aus allen Wolken gefallen. Damit hatte er nicht im Entferntesten gerechnet. Welche Folgen würde der Beschluss für ihn haben? Wurden Taufpaten nicht als bereitwillige Zahlmeister verstanden, um die diversen Wünsche der Patenkinder zu erfüllen? Im ersten Moment suchte Dr. Hohenadl damals nach Ausflüchten. Als Erstes fielen ihm nur Ausreden ein, wie er sie als Kind benützt hatte. Zahnschmerz, plötzliches Fieber, unerklärliche Schwäche. Das würde natürlich nicht helfen.

Was steckte hinter der Attacke seiner Verwandtschaft? Sie war offensichtlich nicht mit seiner Lebensweise einverstanden. Er hatte seine guten Gründe dafür, allein zu sein, ohne Gedanken an eine Partnerschaft und schon gar nicht an Kinder. Und jetzt sollte ihm partout ein Kind angehängt werden! Nun, er würde nicht die Hauptverantwortung tragen. Aber immerhin. Käme es zu einer Notlage, müsste er einspringen. Er war wütend, fügte sich dann aber doch. Die Fahrt nach Salzburg stellte sich ihm als unausweichlich dar. Den Cousin in Salzburg kannte er kaum, einen jungen Theologen. Sehr begabt, hieß es. Auf dem Schoß des Erzbischofs sitzend, dem er gute Ratschläge ins Ohr flüstere, erwarte ihn eine große Zukunft. Gleichwohl war er in der Verwandtschaft nicht groß angeschrieben. Der Grund: Dieser Michael hatte nicht standesgemäß geheiratet, sondern sich mit einer allzu gewöhnlichen jungen Frau eingelassen.

Dr. Hohenadl setzte sich mit einem Blatt Papier an den Tisch und rechnete die Ausgaben durch, die für ihn als Taufpaten anfallen würden. Ein Taufgeschenk, Geschenke zu Weihnachten, Ostern und an Geburtstagen. Womöglich dazuzuzahlen, um das Kind bestmöglich zu fördern, und noch andere Zumutungen. Dr. Hohenadl überschlug die Summe und stöhnte. Allein die Ausgaben für die unmittelbar bevorstehende Taufaktion würden ihn dazu zwingen, seine Rücklagen anzugreifen. Die Fahrt, der Aufenthalt, die Großzügigkeit, die man von ihm erwarten würde …

Zum Glück bot sich sein älterer Bruder an, mit dem Auto nach Salzburg zu fahren und ihn mitzunehmen. Einen Posten konnte Dr. Hohenadl also streichen. Wirklich? Musste er nicht damit rechnen, dass sein Bruder von ihm Benzingeld verlangen würde? Die Rückfahrt allerdings würde er ohnehin selbst organisieren müssen, weil der Bruder mit seiner Frau Dörte von Salzburg aus noch an einer Wallfahrt teilnehmen wollte.

Sein älterer Bruder hatte sich schon immer als Lehrer aufgespielt. Daher war es nicht überraschend, als er im Auto mit einer Art Examen anfing. Das musste Dr. Hohenadl über sich ergehen lassen. Die Pein, die ihm auf diese Weise bereitet wurde, betrachtete er gleichsam als den Fahrpreis, den er seinem Bruder schuldig war. Ob der es allerdings bei dieser abstrakten Art der Bezahlung würde bewenden lassen, war nicht sicher.

»Ich habe vergessen, dir zu deiner Patenschaft zu gratulieren.« So lautete seine harmlos klingende Einleitung. »In unseren Augen erlebst du damit einen gesellschaftlichen Aufstieg.« Das hörte sich nach reinem Zynismus an. Vielleicht aber meinte es sein Bruder vollkommen ernst. »Erinnere dich an deine eigene Taufpatin, Tante Agathe. Leider ist sie ja schon sehr früh verstorben.« Dr. Hohenadl erinnerte sich nur ganz vage. »Sie hat dich sogar einige Monate gesäugt, als Mutter sehr krank war.«

Nein, das wusste er nicht, und sich daran zu erinnern, wäre zu viel verlangt gewesen. Um Himmels willen, dachte Dr. Hohenadl. Die Patenschaft schloss offenbar noch viel mehr Verpflichtungen ein, als er ahnte. Deutlich fühlte er seine Unzulänglichkeit, je als Amme einspringen zu können.

»Ich hoffe, du weißt, was das für eine Aufgabe ist, Taufpate zu sein. Ich selbst bin es zweifach.«

Oh ja, nur allzu gut, dachte Dr. Hohenadl, dem die Kostenaufstellung einfiel. Musste er jetzt seinem Bruder antworten? Nach kurzer Überlegung sagte er: »Ja, ein Patenkind erfordert einiges an Zuwendung, das ist mir bewusst. In bestimmten Abständen kann es mit Geschenken rechnen.« Es war die falsche Antwort, wie sich schnell herausstellte.

»Das ist nur die eine Seite. Sie ist unwichtig. Gewiss hast du die entsprechenden Maßnahmen für das Taufgeschenk getroffen. Davon gehe ich aus. Das Normale ist ein Bausparvertrag für das Kind. Möglich ist aber auch die sogenannte Einmaleinlage. Du kannst den Gesamtbetrag auf einmal auf ein Sparkonto einzahlen, das ist einfacher.«

Dr. Hohenadl erschrak. Es hätte also mit einem Taufgeschenk in Salzburg ankommen müssen. Niemand hatte ihn vorgewarnt. Krampfhaft dachte er über einen Ausweg nach. Aber sein Bruder redete weiter: »Viel wichtiger ist die Verantwortung, die man als Taufpate übernimmt. Das materielle Wohlergehen des Kindes ist das eine. Das geistige Wohlergehen das andere. Du übernimmst die Führung, gibst Orientierung. Deine Vorbildwirkung ist gefragt.«

Dr. Hohenadl hätte gerne etwas darauf gesagt. Er könne doch wohl nicht Ersatz für die Eltern sein, und der Schutzengel, den jedes Kind beigestellt bekommt, müsse ja auch beschäftigt werden. Aber er wollte seinen Bruder nicht provozieren. Der hörte noch nicht auf mit Belehrungen.

»Fürs Erste ist nun die Taufe wichtig. Über ihren Sinn brauche ich dir wohl nichts zu sagen. Das haben wir ja nun in der Schule gründlich gelernt.«

Dörte, evangelisch, machte immer wieder Bemerkungen über die in ihrem Aussehen wechselnden Lärmschutzwände. Sie schimpfte über die gestalterische Dürftigkeit. Es wäre angebracht, fand sie, sich für den Schutz vor dem Lärm mehr einfallen zu lassen. Ihr Mann gab ihr recht. Es klang aber nicht so, als hätte er ihr zugehört. Sobald es eine Unterbrechung der Lärmschutzwand gab und der Blick in die Landschaft frei gegeben wurde, jauchzte Dörte auf.

Dr. Hohenadl war nicht sicher, ob er genug über den tieferen Sinn der Taufe wusste. Jetzt bereute er es zutiefst, dass er seinen Vorsatz, zur Pfarrsekretärin der Kirche Mariahilf, Frau Huber, zu gehen, nicht ausgeführt hatte. Sie hätte ihm ganz bestimmt schriftliche Unterlagen über die Taufprozedur samt allem Drum und Dran geben können. Zu sehr war er vom Schrecken über das Desaster blockiert gewesen, das die Patenschaft über ihn bringen würde.

Gewiss hatte sein Bruder im bischöflichen Gymnasium Petrinum in Linz alles, was es darüber zu wissen galt, gründlich eingebläut bekommen und sich alles haarklein gemerkt. Er selbst erinnerte sich an dies und das, was die Zisterzienser in seiner Schule in Bregenz gepredigt hatten. Aber das war kein Wissen, mit dem er protzen konnte. Dazu war es viel zu dürftig.

Er beeilte sich, wenigstens ein Stichwort zu liefern: »Ich weiß schon, die Erbsünde.«

»Die Erbsünde ist allerdings der springende Punkt. Die Erbsünde kann dem kleinen Kind zum Verhängnis werden.«

Dr. Hohenadl sah aus dem Fenster die riesige Anlage des Stiftes Melk. Dunkel erinnerte er sich an die Erbsünde. Als Kind hatte er bei dem Wort unweigerlich an die Erbsen gedacht, die schön aufgereiht in der Schote lagen; er war also weit davon entfernt gewesen, die Tragweite des Begriffs zu verstehen. »Die Taufe wäscht das Kind von der Erbsünde rein«, sagte er, als würde er einen einst auswendig gelernten Satz zitieren.

»Das hat der heilige Augustinus haarklein erklärt. Alle Menschen sind grundsätzlich zu ewiger Hölle verdammt, wenn sie zur Welt kommen.«

Den heiligen Augustinus kannte Dr. Hohenadl nur dem Namen nach. Daher musste er nun das Weitere, das von seinem Bruder kam, über sich ergehen lassen. »Du wirst dich ja bestimmt daran erinnern, dass sich Augustinus auf Römer 5, Vers 12 bezogen hat.«

Dr. Hohenadl hatte keine Ahnung und fing an, sich dafür zu schämen, weil er sich jahrelang nicht um Belange gekümmert hatte, die, wie sich jetzt in diesem Auto auf der Fahrt nach Salzburg herausstellte, von existenzieller Bedeutung waren. Gut, dass sein Bruder, ohne auf eine Stellungnahme zu warten, in seinen Ausführungen fortfuhr.

»Alle Menschen haben in Adam, dem Stammvater der ganzen Menschheit, gesündigt und verdienen damit als gerechte Strafe die ewige Verdammnis.«

Klar, das leuchtete jedem ein, dachte Dr. Hohenadl.

»Es steht dabei Gott selbstverständlich frei, diese Strafe dem einen nachzulassen, sie aber von den anderen einzufordern. Das eine ist Ausdruck seiner Barmherzigkeit, das andere ist Ausdruck seiner Gerechtigkeit.«

»Ja, ja«, sagte Dr. Hohenadl, »jetzt erinnere ich mich wieder: Dem Kind droht die ewige Höllenqual, wenn es nicht rechtzeitig getauft wird.«

»Richtig. Und in unserem Fall ist es prekär. Die kleine Elisabeth, Johanna, Walpurga, Franziska, Hildegard schwächelt. Ihr Vater Michael ist nicht sicher, ob sie sie über den Berg bringen werden.«

Dr. Hohenadl erschrak. Höchste Gefahr drohte. Sie müssten alles unternehmen, um das Schlimmste zu verhindern. An ihnen lag es, dem frisch geborenen Winzling äonenlange, niemals endende Qualen in der Hölle zu ersparen. Sein älterer Bruder hatte schon immer alles besser gewusst und wiederholte jetzt etwas, das ihm als Kind eingetrichtert worden war. Wie ernst war, was er sagte, zu nehmen? Gehörte dieses Wort von der ewigen Verdammnis, die der kleinen Elisabeth ohne Taufe unweigerlich bevorzustehen schien, nicht zum Droh- und Einschüchterungsrepertoire, mit dem die Kirche den von Haus aus mit schwerster Sünde beladenen Menschen Angst und Schrecken einjagte? Obwohl er ein wenig in diese Richtung dachte, überlief es Dr. Hohenadl kalt bei der Vorstellung, wie die Teufel inmitten des ewigen Höllenfeuers mit der kleinen Elisabeth umspringen würden. Deshalb bat er allen Ernstes seinen Bruder, schneller zu fahren.

»An die Geschwindigkeitsbegrenzungen muss ich mich halten«, antwortete der. Er schien die Spannung auszukosten.

Voller Sorge und Ungeduld saß Dr. Hohenadl im Auto, jeder kleinere Stau versetzte ihn in höchste Aufregung. Nur allzu deutlich fühlte er seine Verantwortung als Taufpate, obwohl er es in Wirklichkeit noch gar nicht war. »Sie werden hoffentlich doch wohl zum Mittel der Nottaufe greifen, wenn sich die Lage zuspitzen sollte.« Dr. Hohenadl sagte den Satz, um sich selbst ein bisschen zu beruhigen.

Der Empfang in Salzburg war herzlich. Die Stimmung war locker. Dr. Hohenadl begriff nicht, warum die Stimmung locker sein konnte. Die Menschen schienen sich kein bisschen um den ungetauften Säugling zu sorgen. Sein Bruder schien das Kind völlig vergessen zu haben. Hatte er, dachte Dr. Hohenadl, auf der Fahrt mit seinen düsteren Andeutung über die prekäre Situation des Neugeborenen übertrieben, um ihm Angst einzujagen? Er schüttelte allen mit launigen Worten die Hand, und es war deutlich zu merken, wie hoch geschätzt er in dieser Gesellschaf offenbar war. Zu Dr. Hohenadl war man freundlich. Jeder und jede gratulierte ihm, manche überschwänglich, zu seiner Patenschaft. Das kam ihm ein wenig übertrieben vor. Hatte er einen Preis gewonnen? Vielleicht reagierten die anderen so freudig, weil der Kelch an ihnen vorübergegangen war. Er kannte die Wenigsten. Es waren hauptsächlich Verwandte der offenbar nicht standesgemäßen Frau, der Mutter des Neugeborenen.

Dr. Hohenadl konnte seine Aufregung nur schlecht verbergen. Sie betraf hauptsächlich sein Patenkind, aber nicht nur. Er erkundigte sich sofort nach dem Kind. Es schlafe, wurde ihm gesagt, weil die Mutter der kleinen Elisabeth aber bemerkte, was für einen lebhaften Anteil der Pate nahm, führte sie ihn in ein Zimmer im ersten Stock des Hauses, das künftige Kinderzimmer. Dörte war mit hinaufgekommen. Sie wollte das Kind unbedingt sehen. Da lag es in einer Wiege mit Baldachin. Dr. Hohenadl ging auf Zehenspitzen und sah auf ein eingemummtes, regungsloses Bündel.

»Ach, wie süß!«, sagte Dörte mehrmals und gab sich Mühe, damit sich ihre Begeisterung nicht gleich in der Lautstärke auswirkte. Dr. Hohenadl spürte, dass auch er einen Kommentar abgeben müsse, obwohl er, weil das Innere der Wiege abgedunkelt war, kaum was erkennen konnte. »Entzückend und friedlich«, brachte er immerhin heraus. »Und die Gesundheit?«, fragte er dann.

»Die Gesundheit ist stabil.«

»Aha.«

Stabil? War das nicht ein medizinischer Ausdruck für einen Patienten in der Krise?

Er war der Mutter sehr dankbar, weil sie ihn nicht nach dem Taufgeschenk fragte. Überhaupt kam ihm Rosemarie, die er von Anfang an duzte, sympathisch vor.

Als er mit Rosemarie und Dörte wieder zu den anderen stieß, war Michael, der Vater des Taufkinds, gerade dabei, Sonderdrucke eines Aufsatzes zu verteilen, den er neulich in der Zeitschrift *Christ in der Gegenwart* publiziert hatte. Dr. Hohenadl las den Titel des Aufsatzes: *Der endgültige Nachweis, dass der Heilige Geist als eigenständige Person gehandelt hat.* Der Aufsatz mit einer langen Liste anderer Aufsätze, die Michael schon veröffentlicht hatte, war dem Papst gewidmet.

Dr. Hohenadl war froh, weil dem Heiligen Geist nun mit Nachdruck attestiert wurde, voll mündig zu sein. Aber lieber hätte er es gehabt, von Michael, einem offenkundigen Experten, beruhigt zu werden. Drohte dem ungetauften Säugling nicht unsagbare Gefahr? Vielleicht doch nicht die ewige Verdammnis im Höllenfeuer? Der versierte Theologe wusste vielleicht von irgendeinem, bisher unberücksichtigtem Gnadenakt, durch den die Zeit der Höllenqualen auf die Hälfte verkürzt werden könnte. Oder Ähnliches.

Doch es fand sich keine Gelegenheit, solche Fragen zu stellen. Mit Rosemarie war es einfacher, ins Gespräch zu kommen. Dr. Hohenadl fand heraus, dass sie gelernte Friseurin war, womit klar war, warum sich ein Teil der Verwandtschaft über die »nicht standesgemäße Hochzeit« mokierte. Wie konnte Michael, einem Theologen, dieser Fehltritt passieren, hatte er als Frage gehört. Rosemarie sah Dr. Hohenadl, als sie von ihrem Beruf erzählte, bedeutungsvoll an, bis er lachte und zugab: »Ja, ich weiß, ich bin überfällig.«

»Wir erledigen das«, sagte sie verschwörerisch, und tatsächlich fanden die beiden am Abend eine Gelegenheit, sich zurückzuziehen. Dr. Hohenadl genoss es, wie Rosemarie in sein volles Haar fasste und wie professionell sie mit der Schere hantierte. Es war nicht bloß ihre Gewandtheit, die ihn freute, denn längst hatte er im Kopf durchgerechnet, wie groß die Ersparnis war, und er zog in Gedanken den Betrag von dem Aufwand ab, den er als Pate würde betreiben müssen. Er fühlte, wie ihn vom Kopf abwärts ein Wohlgefühl durchströmte. Und er vertraute Rosemarie, die ihm im Vergleich zur biblischen Delilah wie die personifizierte Ehrlichkeit erschien, voll und ganz. Zum Schluss glaubte er sich zur Formel verpflichtet: »Ich weiß gar nicht, wie ich mich revanchieren soll.«

Rosemarie rechnete zum Glück mit keiner Revanche und sagte: »Ich brauche die Praxis, mir ist es wichtig, in Übung zu bleiben. Nicht so oft hat man die Chance, in so gesundes, volles Haar hineinzufassen.«

Dr. Hohenadl konnte sich ein bisschen vorstellen, wie gut er sich mit Rosemarie nicht bloß einen Nachmittag lang, sondern über einen durchaus längeren Zeitraum hinweg verstehen würde. Vielleicht sogar besser als dieser verschwitzte Theologe Michael.

Am nächsten Morgen hatte Dr. Hohenadl vor dem Aufbruch in die Kirche Gelegenheit, seinen Schützling genauer zu besehen. Das Gesichtchen des Mädchens sah bleich und seltsam alt aus, wie von einer Figur aus einer Fantasy-Geschichte. Bedenken kamen Dr. Hohenadl, als der Kleinen das Häubchen abgenommen wurde. Auf dem Köpfchen fand sich nicht der Anflug eines Haarflaums. Spontan fiel ihm ein, wie großzügig er als Spender hätte fungieren können. Liebend gern hätte er es getan. Vielleicht war das Gratis-Haareschneiden am Vorabend voreilig gewesen. Aus dem, was er zu viel auf dem Kopf getragen hatte, hätten sich für die Kleine mindesten zwei Perücken basteln lassen. Rosemarie schien seine Sorge bemerkt zu haben und sagte: »Elisabeth ist zu früh gekommen.«

»Eine Frühgeburt?«, fragte er.

»Nicht direkt eine Frühgeburt, keine Frühgeburt im klassischen Sinn. Aber sie hätte sich mehr Zeit lassen können, um richtig ausgebacken zu werden.«

Dr. Hohenadl hätte gerne gewusst, ob der heilige Augustinus für Kinder, die zu früh auf die Welt kamen, im Hinblick auf die ewige Verdammnis vielleicht Sonderregelungen, eine Art Bonus, vorgesehen hatte. Michael, der Theologe, hätte ihm wahrscheinlich Auskunft geben können und wäre womöglich aufgrund der Frage auf ein neues Thema für einen Aufsatz gekommen. Aber Michael schien ein wenig durcheinander zu sein, er redete auf jeden ein, doch bevor jemand etwas sagen konnte, war er schon beim nächsten.

Die Taufe verlief ohne Zwischenfälle. Der Pfarrer hantierte mit Routine. Die Formeln, die er äußerte, waren unverständlich. Die Formeln dagegen, die Laien sagten, waren gut zu hören, wenn auch nicht zu verstehen. Dr. Hohenadl hatte seinen Part gelernt und sagte an der jeweils richtigen Stelle, indem er sich zum Sprachrohr der kleinen Elisabeth machte: »Ich widersage.« Oder: »Ich glaube.« Mit Wasser, das er der Kleinen tatsächlich über die Stirne goss, sparte der Priester nicht. Das Kind hatte die Augen geschlossen und zuckte zusammen. Das war, wie Dr. Hohenadl dachte, der Moment, da Satan aus dem winzigen Körper ausfuhr.

Er korrigierte sich aber sofort, denn es handelte sich doch nicht um einen Exorzismus, sondern um eine Taufe. Es war der Moment, ab dem Elisabeth nun gerettet war und von ewiger Höllenstrafe keine Rede mehr sein konnte. Dr. Hohenadl atmete erleichtert durch.

Beim Essen danach saß Dr. Hohenadl neben Rosemarie. Ihr Mann, der Theologe, bestand auf ein Tischgebet und markierte auf Stirn und Brust ein weit ausladendes Kreuzzeichen. Man konnte zwischen Kalbskopf mit Eierschwammerln und Zander mit Fenchel und Kapern wählen. Dr. Hohenadl merkte sich den Preis für das Menü. Wortführer der Unterhaltung bei Tisch war Dr. Hohenadls Bruder. Er war begabt wie kein anderer, Banales so auszusprechen, als wäre es von irgendeinem Belang.

Bis zum Schluss, bis zur Verabschiedung ging alles gut, weil niemand was von einem Taufgeschenk sagte. Dr. Hohenadl hatte es in Gedanken vielleicht etwas voreilig schon von der Aufwandsliste für seine Taufpatenschaft gestrichen.

Für die Rückfahrt nach Wien löste er ein Ticket bis nach Linz. Gleich nach der Fahrscheinkontrolle durch einen vollbärtigen Schaffner mit ausgeprägtem Tiroler Dialekt richtete er sich darauf ein, schlafen zu können. Sollte er auf der Strecke von Linz nach Wien noch einmal kontrolliert werden, würde er entsetzt aufschrecken und so tun, als hätte er es verpasst auszusteigen. Von schlafen konnte keine Rede sein, die Anspannung war zu groß. Aber es ging alles gut. Auf dem Bahnsteig überholte ihn der Schaffner und grüßte freundlich. Dr. Hohenadl zuckte zusammen. Auf dem Weg nach Hause beglückwünschte er sich zum bestandenen Abenteuer. Fast fühlte er sich wie ein mittelalterlicher Ritter, dem aufgrund seines kühnen Wesens eine große Wohltat gelungen war. Immerhin war es ihm durch entschlossenes Handeln gelungen, ein kleines Wesen vor entsetzlichen ewigen Qualen zu bewahren und die Kosten dafür vergleichsweise niedrig zu halten.

Er dachte von nun an jeden Tag einmal an die kleine Elisabeth, und an deren Mutter auch.

Dr. Hohenadl
wird zum Rosenkenner

Dr. Hohenadl war für die Blumen bekannt und geschätzt, die er mitbrachte, wenn er irgendwo eingeladen war. Der Duft dieser zarten, fast durchsichtigen Rosen war, wie immer wieder festgestellt wurde, zauberhaft.

Als vor einundzwanzig Jahren seine verunglückten Eltern auf dem Friedhof in Grinzing beerdigt worden waren, lebte Dr. Hohenadl noch nicht in dem Wahn, er werde verarmen und im Alter Not leiden müssen. Damals trat er für die Pflanzung eines Rosenstocks neben dem Grabstein ein, und seine Brüder schienen nichts dagegen zu haben. Dr. Hohenadl erkundigte sich zuvor genau über die Rosensorten, die infrage kamen. Er war wählerisch. Mehrere Kriterien waren zu berücksichtigen. Die Rosen sollten zu den Eltern passen. Das war die oberste Forderung. Dr. Hohenadl dachte dabei vor allem an seine Mutter, daran, wie filigran sie gewesen war und wie gern er als Kind die Duftwolke gerochen hatte, die sie umgab. Keine andere Mutter hatte so wie sie geduftet.

Bei genauerem Hinsehen wird man allerdings sagen müssen: Dr. Hohenadl überlegte schon damals gut, was ökonomisch günstig war und was nicht. Denn seine Neigung zu Rosen war stark von der Lektüre eines Zeitungsartikels beeinflusst, in dem es hieß, ein Rosenstock an der Apsis des Hildesheimer Doms bringe nach tausend Jahren immer noch Blüten zustande. Das war also zu Beginn des siebenten Jahrhunderts eine Anschaffung gewesen, die sich lohnte, eine nachhaltige. Nach der völligen Zerstörung des Doms im letzten Jahr des Zweiten Weltkriegs sei auch der Rosenstock verbrannt, aber schon im nächsten Frühjahr seien aus den in den Trümmern verschütteten Wurzeln fünfundzwanzig frische Triebe hervorgekommen. Die tausend Jahre erschienen Dr. Hohenadl damals als angemessene Frist, die die Investition in einen Rosenstock rechtfertigen würde.

Als er mit Erkundigungen begann, welche Sorte sich am besten eignen würde, wurde er in sämtlichen Gärtnereien, in denen er fragte, umgehend als Rosenanfänger entlarvt. Dr. Hohenadl glaubte, zunächst einen Volkshochschullehrgang zum Thema absolvieren zu müssen. Die Bediensteten in den Gärtnereien sahen in ihm ein Opfer, das sich leicht verwirren ließ. Ihm schwirrte der Kopf vor lauter Namen: Mme Pierre Oger, Sharifa Asma, Mme Knorr, Bonika 82, Schneewittchen, Pastella von Tantau und schließlich Pink Grootendorst. Jeder, der ihm eine Litanei von Bezeichnungen hersagte, betonte, es gäbe noch eine unendlich lange Liste weiterer Züchtungen, die ein jeder, der sich auch nur ein wenig mit Rosen befassen wollte, auswendig hersagen können müsse. Zudem sei es nötig, sich zu merken, wie die Erde beschaffen sein sollte, wie gedüngt und gegossen werden müsse und was gegen diverse Krankheiten zu tun sei.

Ein Standardsatz in der Ausbildung der Rosengärtner schien zu lauten: »Die Rosen dürfen nicht mit der Schere, sondern müssen mit einem Messer schräg angeschnitten werden.«

Plötzlich schaltete sich sein Bruder, Dr. Hohnenadl, der Mittlere, in die Rosenüberlegungen ein und tat so, als würde er sich auskennen. Er machte sich wichtig, aber es stellte sich schnell heraus, wie ignorant er in Wirklichkeit war. Nicht einmal den Unterschied zwischen gefüllten und ungefüllten Rosen kannte er, während Dr. Hohenadl bereits imstande war, mindestens zehn verschiedene Sorten ohne zu zögern herzuzählen. Schon im ersten Gärtnereibetrieb, den sie gemeinsam besuchten, musste Dr. Hohenadl, der Mittlere, einsehen, was für ein blutiger Rosenanfänger er war. Er redete vor einem Verkäufer wie ein Kenner, indem er die angebliche Bedrohung durch den Kohlweißling erwähnte, und blamierte sich prompt. Wo doch der Kohlweißling an Rosen völlig desinteressiert und stattdessen scharf auf Kraut war und dafür sorgte, dass sich auf dessen Blättern der Nachwuchs, schwarze Raupen, austobte. Dr. Hohenadl, der Mittlere, suchte Streit, indem er sagte, Rosen seien zu weibisch, ein Rosenstock auf dem Grab der Eltern, süßlichen Duft verströmend, käme vielleicht der Mutter entgegen, aber für Vater würden Rosen eine Zurücksetzung, wenn nicht gar eine Provokation bedeuten. Dr. Hohenadl wollte keinen Zwist und schon gar keinen Rosenkrieg. Daher sagte er nichts. So schnell das Interesse Dr. Hohenadls, des Mittleren, an der Rosenfrage aufgeflammt war, so rasch flaute es wieder ab. Dr. Hohenadl, der Ältere, war und blieb, was die Bepflanzung des Elterngrabs betraf, gleichgültig, solange aus der Geschichte keine finanziellen Forderungen auf ihn zukamen. In diesem Punkt stimmte er mit Dr. Hohenadl, dem Mittleren, völlig überein.

Es musste eine Entscheidung getroffen werden, denn die Pflanzzeit, die bis Ende Oktober, höchstens noch in die ersten Novembertage hineinreichend, dauerte, drohte zur Neige zu gehen. Dr. Hohenadl traf sie ganz selbstständig, und zwar mit der Nase. Es war eine große, gefüllte, zart rosafarbene Rose, innen dunkelrosa und nach außen fast zu cremigem Weiß changierend, auf die schließlich seine Wahl fiel. Aber die Farbe, das altmodische Erscheinungsbild, war nicht das Ausschlaggebende gewesen, sondern der Duft. So hatte es in Mutters Zimmer gerochen. Der Geruch war so stark, dass Dr. Hohenadl, wenn er die Augen schloss, glaubte, Mutter vor sich zu haben. Und er war beglückt, als er den Namen der Rose erfuhr: »Eden Rose«. Ja, in Eden vermutete er seine Eltern, zumindest seine Mutter. Die Rose hatte noch einen Beinamen, Pierre de Ronsard, den eines Dichters. Auch das hätte der Mutter gefallen.

Die Rose wurde gepflanzt, und es konnte nicht bei der Rose bleiben. Die Grabfläche gehörte gestaltet. »Bodendecker«, hatte der Gärtner bestimmt und ohne weitere Diskussion reichlich Bodendecker eingegraben.

Im nächsten Frühjahr wartete Dr. Hohenadl in völliger Ungewissheit, ob Pierre de Ronsard sich zum Austreiben entschließen würde. Er hielt den Rosenstock schon für verloren, als sich an einer Stelle die Rinde ein wenig zu wölben begann. Dr. Hohenadl geriet in einen Begeisterungstaumel. Der wurde erst gedämpft, als er bei genauem Hinsehen zwei, drei Ameisen entdeckte, die den Rosenstamm hinauf- und hinunterliefen. Sofort fing er an, Erkundigungen über die Bekämpfung der Ameisen einzuziehen. Rigoroses Vorgehen war geboten. Eine Menge chemischer Mittel stand zur Verfügung, doch allesamt hatten sie einen gravierenden Nachteil: Keines von ihnen war gratis zu haben. Blieben nur die Hausmittel. Unter ihnen kam Dr. Hohenadl der

Kaffeesud am sinnvollsten vor, zumal er gehört hatte, er würde damit zwei Fliegen auf einen Schlag treffen: Ameisenbekämpfung und Düngung.

Dr. Hohenadl, der bis dahin kaum einmal Kaffee getrunken hatte, weil es ihm zu kostspielig erschienen war, fing nun an, bis zu zehn Tassen am Tag zu trinken. Von einer Tasse zur nächsten machte er nur so lang Pause, bis das Herzklopfen, das sich manchmal bis zum Herzrasen steigerte, nachließ. Der Kaffee war von der billigsten Sorte, Dr. Hohenadl kostete es Überwindung, ihn zu trinken. Aber ihn einfach wegzuschütten und nur den Sud zu verwenden, wäre Verschwendung gewesen. Die Ausbeute an Kaffeesud beflügelte ihn durchzuhalten. Mit der Ration an Kaffeesud von einer Woche fuhr er mit der U4 und anschließend mit dem Bus 38A hinaus nach Grinzing. Unter den Bodendeckern häufte sich die Ansammlung von Kaffeesud. Sorgfältig hielt Dr. Hohenadl nach Ameisen Ausschau. Keine einzige ließ sich mehr blicken. Entweder verbargen sie sich, so lang Dr. Hohenadl anwesend war, oder sie hatten sich zu anderen Gräbern davongemacht.

Es war ein Frühling ohne viel Regen. Die Frage des Gießens stellte sich. Dr. Hohenadl lieh sich von anderen Hinterbliebenen eine Gießkanne aus. Aber nicht immer war jemand da. Es blieb ihm nichts anderes übrig, als selbst eine Kanne zu kaufen. Es war ein Exemplar aus grünem Kunststoff, billig, scheußlich und praktisch. Die »Eden Rose« entwickelte sich, aber anhaltende Trockenheit machte Dr. Hohenadl nervös. Es kostete ihn einen halben Tag, um nach Grinzing zu fahren und dort zu gießen. Er brachte das Thema seinen zwei Brüdern gegenüber zur Sprache. Dr. Hohenadl, der Mittlere, verzog bloß ein wenig den

linken Mundwinkel, Dr. Hohenadl, der Ältere, zuckte mit
der Schulter. Durch Zufall erfuhr Dr. Hohenadl von einer
Art Gießgemeinschaft auf dem Grinzinger Friedhof. Es war
eine Genossenschaft, so etwas wie eine Kommune. Das war
höchst ungewöhnlich. Denn hier lagen die Gräber betuch-
ter Familien, die sich Gießdienste sogar in individueller
Livree hätten leisten können, wenn sie nur gewollt hätten.

Dr. Hohenadl wurde in die Gießgemeinschaft, die eine
Art Genossenschaft, vielleicht sogar eine Kommune war,
aufgenommen. Man löste sich nach einem genauen Schema
ab, sodass sich von einem Einsatz bis zum nächsten lange
Pausen ergaben. Das Wort führte dort Max-Xaver Baron
von Troppau, ein verwitweter ehemaliger Sektionschef im
Verteidigungsministerium. Baron von Troppau übernahm
es persönlich, Dr. Hohenadl in die Gießprozedur einzuführen. Jede der Grabanlagen hatte ihre Besonderheiten.
So etwa musste zwischen Brause oder Direktstrahl unterschieden werden, die Wassermengen, die aufgewendet
werden mussten, waren verschieden, und einige Grab-
inhaber leisteten sich die Zugabe verschiedener Nähr-
lösungen. Es existierte eine Liste mit Anweisungen, von der
nicht abgewichen werden durfte. Am Jour fixe, jeweils am
Mittwoch, traf man sich im Café Sperl, um die anfallenden
Probleme zu besprechen. Und davon gab es jede Menge.
Jedes Mal wurde eine Litanei von Beschwerden disku-
tiert. Selbst Baron von Troppau wurde kritisiert. Er war
dafür zuständig, jeweils zu entscheiden, ob an einem Tag,
obwohl es vielleicht am Morgen ein wenig geregnet hatte,
dennoch gegossen werden musste oder nicht. Oft wurde
gegossen, und dann brach abends ein Gewitter los. Die
Unwägbarkeiten des Wetters, für die Baron von Troppau

verantwortlich gemacht wurde, machten den Großteil der Beschwerden aus. Zufriedenheit oder gar Lob waren in diesem Kreis unbekannt.

Am meisten gefürchtet war die alte Frau Haberstock, die ihren Mann, einen Hofrat, unter die Erde gebracht hatte, denn sie spionierte, verbarg sich hinter Grabsteinen und Büschen, um genau zu beobachten, ob einer seinen Gießdienst akribisch genug versah oder nicht. Nicht zuletzt wegen der Witwe Haberstock wurden Dr. Hohenadl die Abende im Café Sperl immer widerwärtiger. Er wurde nachlässiger und ging am Ende gar nicht mehr hin.

Als tatsächlich die erste Knospe der Pierre de Ronsard aufsprang, verbrachte Dr. Hohenadl einen ganzen Nachmittag am Grab, um den zarten Duft einzusaugen, wie um zu verhindern, dass etwas davon an die gewöhnliche Friedhofsluft verschwendet werde. Er sah sich am Ziel und wusste, warum er alle Mühen, all das viele Kaffeetrinken und all die Schikanen der Gießgemeinschaft, die eine Genossenschaft war, vielleicht sogar eine Kommune, auf sich genommen hatte. Am liebsten hätte er die Rose abgeschnitten und nach Hause getragen. Sie einfach abzureißen, kam nicht infrage. Dr. Hohenadl erinnerte sich an den Satz: »Die Rosen dürfen nicht mit der Schere, sondern müssen mit einem Messer schräg angeschnitten werden.« Er hatte weder Schere noch Messer dabei.

Zu einer abrupten Änderung kam es, als Dr. Hohenadl wegen akuter Kreislaufprobleme ins AKH eingeliefert wurde. Dort fand man die Ursache für seine Probleme heraus. Die Rede war von einem Abusus, von übermäßigem Kaffeegenuss. Dr. Hohenadl musste sofort damit aufhören. Es blieb ihm nichts anderes übrig, als den Konsequenzen ins Auge zu sehen: Kein Kaffeesud mehr für den Edenrosenstock in Grinzing. In seiner Fantasie sah er schon den Rosenstock vor sich hinschwächeln, attackiert von Ameisenschwärmen. Dr. Hohenadl drängte den Rosenstock aus seinem Bewusstsein und aus seinem Leben hinaus, überließ ihn sich selbst, dachte nicht mehr an ihn. Nicht einmal von der Gießgemeinschaft, die eine Art Genossenschaft, vielleicht sogar eine Kommune war, verabschiedete er sich. Und es gelang ihm, so zu leben, als hätte es den Edenrosenstock nie gegeben.

Erst nach zwei Jahren fiel er ihm wieder ein. Dr. Hohenadl war bei Komtesse Valerie von Rodensky eingeladen. Die Komtesse, die in einer Villa in Pötzleinsdorf wohnte, war Präsidentin eines Literaturzirkels, dem ausschließlich Damen angehörten. Sie nannten sich *Die Perlenfischerinnen*, waren aber kaum noch aktiv. Die meisten Mitglieder waren bereits gestorben. In der Wiener Literaturszene waren sie eher unter dem Namen *Die Perlhühner* bekannt gewesen. Komtesse Rodensky war außer der Literatur auch noch der Musik zugetan. Sie hatte eine ausgebildete Stimme und versäumte es nie, bei den Zusammenkünften ein Schubert-Lied zum Besten zu geben.

Dr. Hohenadl sah ein, dass er nicht ohne Blumen dort aufkreuzen durfte. Einfach in den Burggarten zu gehen und einen Strauß zu pflücken, dazu fehlte ihm der Mut. Da erschien der Edenrosenstock vor seinem geistigen Auge. Er steckte ein Messer in seine Brusttasche und fuhr hinaus nach Grinzing. Freilich rechnete er damit, den Rosenstock verdorrt und verkümmert anzutreffen. Das Gegenteil war der Fall: Eine Duftwolke schlug ihm schon von Weitem entgegen. Üppiger hatte er einen Rosenstock noch nie blühen gesehen. Ob ihn die Gießgemeinschaft irrtümlich gepflegt hatte? Die Menge an Kaffeesud unter den wuchernden Bodendeckern reichte vermutlich für Jahrzehnte. Dr. Hohenadl zückte sein Messer und hielt binnen Kurzem einen prächtigen Strauß in den Händen.

Die Komtesse Valerie von Rodensky war entzückt. Es waren ihre Lieblingsrosen, und sie wusste, dass sie nicht nur, ans Paradies gemahnend, Eden Rosen hießen, sondern zudem nach einem Dichter benannt waren, Pierre de Ronsard, den sie verehrte. Und prompt zitierte sie aus einer seiner Elegien einen Sinnspruch: »Das Leben ist ein dorniger Rosenstock und das Glück seine Blüte.«

Alle Anwesenden applaudierten. Und dann fing Komtesse Valerie von Rodensky, die schon sehr betagt war, an, mit zittriger Stimme Schubert zu singen. *Dein ist mein Herz*, begleitet von Prof. Gerhard Hinterstoider, einem emeritierten Lehrer von der Musikuniversität. Die Komtesse sah zwar alt und vertrocknet aus, aber die Inbrunst, mit der sie die Refrainzeile, »Dein ist mein Herz und soll es ewig bleiben!«, sang, ließ vermuten, in ihrem Innersten würde noch immer ein heftiges Feuer lodern. Dies, obwohl sie gar nicht »Herz« sang, sondern immer nur »Harz«.

Von da an fuhr Dr. Hohenadl, wenn er irgendwo eingeladen war, immer – und aus Sparsamkeit immer ohne Ticket – zuerst nach Grinzing, um sich mit Rosen einzudecken. Jedes Mal sah er sich um, denn er fürchtete, von einem seiner Brüder überrascht zu werden. Und immer hatte er in der Brusttasche das Messer bei sich, denn es wäre einem Frevel gleichgekommen, die Rosen mit einer Schere abzuschneiden.

Das ging so lange gut, bis eines Tages an der Endstation der Buslinie 38A die Polizei wartete, die aussteigenden Passagiere in Gruppen einteilte und perlustrierte. Dr. Hohenadl glaubte, nun als langjähriger Gratisfahrer aufzufliegen. Die Polizei suchte aber nicht nach Schwarzfahrern, sondern nach einem Mörder. Dr. Hohenadl wurde abgetastet, und das Messer in seiner Brusttasche kam zum Vorschein. Dr. Hohenadl glaubte, in einem Film mitzuspielen, als er sah, wie das Messer in eine durchsichtige Plastikhülle gesteckt wurde. Wenige Minuten später saß er, flankiert von zwei Uniformierten, in einem Polizeiwagen, der stadteinwärts fuhr.

Dr. Hohenadl
muss eine Einladung geben

Den Einladungen Valeries von Rodensky in Döbling zwei-
oder dreimal pro Jahr folgte Dr. Hohenadl nur widerwillig
und nur aus Pietät. Denn die alte Sängerin, von der viele
glaubten, sie sei schon in der kaiserlichen Hofoper aufge-
treten, war eine enge Freundin seiner Mutter gewesen. Ein
bisschen gefielen ihm ja die bizarren Gestalten, die sich in
dem überladen eingerichteten Salon trafen. Niemals hätte
er laut zu jemandem gesagt, er komme sich vor wie in einer
Gesellschaft von Untoten, die sich um Mitternacht mit
einem Schlag in ihre Särge zurückziehen würden. Er hatte
nicht das Gefühl, zum Kreis der alten Sängerin zu passen,
und dachte schon lang darüber nach, wie er die Flucht an-
treten könnte.

Welche Möglichkeiten gab es, um Valeries erlesene Gäste-
schar, die einer fernen Vergangenheit angehörte, ein wenig
zu irritieren, sie mehr oder weniger sanft darauf hinzuweisen, dass ihre Uhr schon längst abgelaufen war? Er
wunderte sich, wie diese Menschen, die sich standhaft wei-
gerten, die Gegenwart zur Kenntnis zu nehmen, durch und
durch überzeugt von sich existieren konnten.

Sie kamen jeweils schon zum Mittagessen zusammen
und speisten Tafelspitz. Dr. Hohenadl kam erst zum Tee
dazu. Er drückte das Durchschnittsalter beinahe um zehn
Jahre. Nach dem Tee folgte stets der Vortrag von ein paar

Liedern. Dazu wurde extra Prof. Mayer-Breitbart, der eingeschlafen war, geweckt, damit er sie am Klavier begleite. Valerie war mit Mayer-Breitbart gar nicht einverstanden.

»Keine Spannung in seinem Spiel«, hatte sie Dr. Hohenadl einmal anvertraut. »Ich glaube, ich schaffe mir für meine alten Tage noch ein automatisches Klavier an.« Ihre Bäckchen liefen zart rosa an, wenn sie mit dem »Musensohn« begann. Das Wort vom »automatischen Klavier« gab Dr. Hohenadl zu denken. Kannte sich Valerie, eine der Ältesten in der Gesellschaft, womöglich mit Robotern aus? Überrascht war er gewesen, als er erstmals bei einem seiner Besuche auf einem Zeitungstischchen den *Guardian* liegen sah. Von da an kontrollierte er unauffällig bei jedem seiner Besuche, ob es die jüngste Ausgabe war, oder ob die Zeitung nur als Dekor da lag. Seitdem hatte er Valerie im Verdacht, sie spiele nur die rückwärtsgewandte Alte, um sich aus lauter Höflichkeit ihren Besuchern anzupassen.

Die Gespräche am Tisch glichen sich vom einen zum anderen Mal oft wörtlich. Wie Schauspieler wussten die Geladenen ihren Text. Das letzte Konzert im Musikverein wurde besprochen, und außerdem bestärkte man sich in der Meinung, dass der Staatsoperndirektor endlich abgelöst gehörte. Ein Hauptthema aber war das 19. Jahrhundert, ein goldenes Zeitalter, nicht frei von Fehlern und Versäumnissen, aber doch voller großartiger Leistungen, von denen, wie Baron Lohmann es ausdrückte, die Gesellschaft heute noch zehre.

»Man wusste noch genau, wo oben und unten ist«, sagte Baron Lohmann mit Nachdruck, und alle lächelten. Nebenbei bemerkt: Lohmanns Großvater, ein Holzhändler auf dem Balkan, war vom Kaiser geadelt worden, weil er für vier Kilometer der Nordbahn die Eisenbahnschwellen geliefert hatte.

Viele Namen fielen, mit denen Dr. Hohenadl nichts anfangen konnte, Namen von Schlössern, die in Böhmen verloren gegangen waren, von Familien, die aus der Walachei hatten flüchten müssen, und von Kulturgütern, die zugrunde gegangen waren, weil den Siegern der Verstand fehlte, wie damit umzugehen gewesen wäre. Ein wichtiges Kapitel waren stets die überragenden Leistungen österreichischer Erfinder. In allen Redebeiträgen schwang die Empörung mit, dass die Würdigung für diese klügsten aller Köpfe schmählich ausfiel.

»Lächerlich, diese paar Büsten und Gedenktafeln«, sagte Prälat Wurminger, der mit seiner drallen Wirtschafterin da war, und wackelte mit dem Kopf. »Und die Porträts auf einigen Briefmarken machen das Kraut auch nicht fett.« Ein bisschen unterhaltend fand es Dr. Hohenadl, wenn sie das Lob Österreichs sangen und die österreichischen Leistungen für die Welt diskutierten. In Kunst und Literatur, aber auch in den Wissenschaften. Und dann kam der Part von Hofrat Mindszenty, der jahrzehntelang Direktor des Technischen Museums gewesen war. Er zählte die österreichischen Erfindungen auf, ohne die die Welt noch wie im Mittelalter vegetieren würde.

Durch Mindszentys Vortrag fühlte sich Dr. Hohenadl in die Schulzeit zurückversetzt. Auch damals ging es darum, den Stolz auf Österreich zu kultivieren und den Schülern einzuimpfen. Auch damals wurden die technischen Leistungen im Allgemeinen und die Erfindungen im Besonderen als berechtigte Ursachen für diesen Stolz aufgezählt. Zuständig dafür war der Physikprofessor Vorgrimmler, der, das Unterkiefer vorgeschoben, als Einpeitscher vor der Klasse stand. Die Schüler mussten die Namen im Chor hersagen. Sie taten es mit Lust und brüllten, was die Lungen hergaben. In der Klasse riefen die auf der linken Seite – vom Lehrer aus gesehen – die Namen der österreichischen Erfinder in einem hellen Ton, darauf folgte der Chor auf der rechten Seite mit der Bezeichnung der Erfindung in einer tieferen Lage. Dr. Hohenadl konnte die Litanei noch im Erwachsenenalter im Schlaf hersagen: Josef Ressel, Schiffsschraube; Josef Madersperger, Nähmaschine; Peter Mitterhofer, Schreibmaschine; Victor Kaplan, Turbine; Siegfried Marcus, Automobil; Auer von Welsbach, Glühstrumpf. Die Aufzählung endete mit einem Crescendo: Glühstrumpf. Es klang ein bisschen ähnlich wie Triumph.

Vorgrimmler versäumte fast nie, auf das harte Schicksal fast aller dieser österreichischen Erfinder mit Nachdruck hinzuweisen.

»Ihre großartigen Ideen wurden ihnen gestohlen. Andere schmückten sich dreist mit fremden Federn und machten das große Geld, unsere Heroen der Technik gingen fast durch die Bank leer aus.«

Dr. Hohenadl hatte die meiste Bewunderung für Auers von Welsbach Glühstrumpf. Auf so etwas Bizarres hatte nur ein Österreicher kommen können, Strümpfe, die glühten. Dr. Hohenadl, damals noch kein Dr., musste an die Inquisition denken und ihre vielfältigen und fantasiereichen Vorrichtungen, mit denen sie die Menschen aufs grausamste quälte, so lang, bis sie Vergehen und Verbrechen gestanden, die sie niemals begangen hatten. Die Fantasie drängte ihn oft auf Abwege, er wusste aber, dass der Glühstrumpf eine neuzeitliche Erfindung war und stellte sich vor, wie Besitzer der teuren Glühstrümpfe die Dämmerung und die Nacht herbeisehnten, um beim Auf- und Abgehen in der Prater Hauptallee ihre Glühstrümpfe vorführen zu können. Gewiss leuchteten diese Strümpfe in verschiedensten Farben. Aus der Vogelperspektive muss das Gedränge von Menschen mit Glühstrümpfen an den Beinen ausgesehen haben wie die Massenwanderung von Leuchtkäfern.

Baron Lohmann, Prälat Wurminger, Hofrat Mindszenty und dessen völlig vertrocknete Frau, die er Mädi nannte, sowie alle anderen machten Gegeneinladungen. Das wusste Dr. Hohenadl genau. Er selbst wurde nie zu den anderen eingeladen. Er war für sie vernachlässigbar. Für die Gast- geberin Valerie von Rodensky musste er sich aber wohl zu einer Gegeneinladung entschließen.

Freilich waren es die zu erwartenden Kosten, die ihn daran hinderten, das Vorhaben zu verwirklichen. Zugleich wusste er, dass er nicht darum herumkommen würde. Für die Versorgung der Gäste plante er ein Catering zu enga- gieren. Die Gäste sollten zu Mittag bekommen, was sie immer bei Valerie, der Sängerin, bekamen: Tafelspitz mit Apfelkren und Wurzelwerk. Alle älteren Wiener liebten das gekochte Rindfleisch, sie brauchten es nicht zu beißen, es mit der Zunge an den Gaumen zu drücken genügte, damit es nachgab. Als Nachspeise ein Wiener Savarin selbstver- ständlich und später Tee. Abends dann um sieben Uhr die Rindssuppe.

Alles aber sollte nicht so sein wie bei Valerie. Es würde nicht zu vermeiden sein, dass sie ihre üblichen Gespräche führten, bis hin zum Stolz auf Österreich, nicht zuletzt wegen der überragenden, wenn auch dann von anderen schamlos übernommenen technischen Leistungen, also bis hin zu den Glühstrümpfen. Wie aber sie überraschen? Vielleicht mit einer Zeitreise in die Gegenwart und Zukunft?

Auf die Ankündigung eines Roboterwettbewerbs, die Dr. Hohenadl auf einem Plakat las, reagierte er wie elektrisiert. Seine Neugier wuchs und wuchs. Er wollte unbedingt dabei sein. Bei der *RobotChallenge* in der Wiener Aula der Wissenschaften führten Einzelne und Gruppen ihre jüngsten Entwicklungen vor. Es ging zu wie auf einer Messe für allerneuestes Spielzeug. In einem Aquarium fing ein Roboter Fische mit der »Hand«. Staubsauger flitzten über den Boden, Drohnen flogen durch die Luft, wenn etwas zu Boden fiel, hob es der Roboter wieder auf. Die Krönung für Dr. Hohenadl war ein Gewinnspiel. Für einen der Preise bekam man für drei Wochen einen Servierroboter des Typs *Waiter I* zur Verfügung gestellt. Dr. Hohenadl fasste spontan eine heftige Zuneigung zu dieser Erfindung mit einem blinkenden Köpfchen und einem Tablett vor dem Bauch. In ganz Wien kannte er keinen Kellner mit einer vergleichbar sympathischen Ausstrahlung. Niemals würde er ihn *Waiter I* nennen, sondern natürlich *Leopold*. Sofort konnte er sich vorstellen, wie er ihn bei sich aufnehmen und in seinem Haushalt einbauen würde: Er sollte der Star sein, wenn er seine Einladung für Valerie von Rodensky und ihre Freunde aus der Welt von Gestern verwirklichen würde.

Dr. Hohenadl dachte sich verschiedene Szenarien für Leopolds Auftritt aus und steigerte sich in eine Vision hinein. Er sah sich in der Küche Leopolds Tablett beladen und dann durch den Türspalt beobachten, wie der fast lautlos ins Wohnzimmer glitt, um einen Gast nach dem anderen zu bedienen. Gut möglich, dass die Besucher, gewohnt, das diskrete Personal zu übersehen, zunächst gar nicht merkten, welchen Helfer Dr. Hohenadl beschäftigte. Valerie würde die einzige vorab Informierte sein, die deshalb nun das Geschehen mit äußerstem Vergnügen verfolgte. Zweimal müsste Leopold zwischen Küche und Wohnzimmer hin- und hergleiten, bis alle ihren Kaffee und die Nachspeise, den Wiener Savarin, würden bekommen haben.

Sollten alle Reaktionen ausbleiben, würde Leopold, der Automat, deutlich vernehmbar sagen: »Verzeihung, ich bin Österreicher, sogar Wiener, und heiße Leopold.« Ein durchdringender spitzer Schrei von der Begleiterin Hofrat Mindszentys würde wie ein Signal für das folgende, beispiellose Tohuwabohu wirken. Aufspringende Gäste, Rufe, Flüche, Angstgekreische, Zornausbrüche. Appelle an verschiedene Heilige und derbe Verwünschungen würden ein einzigartiges akustisches Gemisch ergeben, während er, Dr. Hohenadl, bereitstünde, um durch den Türspalt eine Serie von Fotos der in Panik flüchtenden Gäste zu schießen. Die größte Anerkennung für seine Inszenierung wäre, wenn nach dem überstürzten Abgang aller anderen Valerie vor Lachen losprusten würde.

Dr. Hohenadl hatte nicht die Geduld, das Ergebnis des Preisausschreibens abzuwarten, sondern rang sich dazu durch, *Waiter I* für drei Wochen für eine horrende Summe, wie er fand, zu mieten. Weil er wegen der hohen Ausgabe winselte, programmierte man ihm den Roboter gratis auf den Namen *Leopold* um. Valerie finanzierte ihm eine halbtägige Einschulung.

Sie war an dem Tag, als die Gäste zu Dr. Hohenadl kamen, schon früher da und bewunderte in der Küche den automatischen Leopold. Dr. Hohenadl musste ihn für sie kurz in Betrieb setzen. Valerie jauchzte vor Vergnügen und ließ sich von Leopold die Hand küssen. Die Gäste kamen im Bulk, als hätten sie unten vor der Haustüre aufeinander gewartet. Sie taten so, als wären sie bei Valerie eingeladen, und nahmen Dr. Hohenadl nur am Rand zur Kenntnis. Prälat Wurminger war nicht der Einzige, der den anwesenden Mann von der Cateringfirma mit »Herr Hohenadl« ansprach. Hofrat Mindszenty sagte zu ihm sogar »Herr Adler«.

Im Übrigen aber klappte alles wie am Schnürchen. Valerie und Dr. Hohenadl hörten den Gesprächen ein wenig unkonzentriert zu, weil sie sich beide auf die Nachspeise freuten, auf das Wiener Savarin, und der damit verbundenen speziellen Performance. Dr. Hohenadl war hoch zufrieden, weil alles haargenau so abgelaufen war, wie er es in seiner Vorstellung vorweggenommen hatte. Valerie war beglückt. Dr. Hohenadl auch, zugleich aber ein wenig enttäuscht, weil die Gäste so wenig originell gewesen waren. Vielleicht hätte er doch seinen Vorsatz verwirklichen sollen, an die Gäste bei ihrem Eintreffen, Glühstrümpfe zu verteilen.

Dr. Hohenadl
will sich als Papst verkleiden

Dr. Hohenadl war schon mehrmals zufällig an dem Laden in der Wollzeile vorbeigekommen und er hatte auch schon manchmal einen flüchtigen Blick in die Schaufenster geworfen. An dem Geschäft war ihm nichts Ungewöhnliches aufgefallen. Ein Laden für Faschingsbedarf, hatte er angenommen.

Diesmal ging er ganz bewusst dorthin, denn er war zu einem besonderen Abend bei Tante Fini eingeladen. Es hieß, dass Verkleidung ausdrücklich erwünscht sei. Dr. Hohenadl ahnte, was die älteren Herrschaften, die Tante Fini gelegentlich in ihrer Villa in der Barawitzkagasse in Döbling um sich versammelte, unter »Verkleidung« verstand: Angemalte Bäckchen, eine Pappnase oder ein Papierhut genügte ihnen. Bei diesen Einladungen war er immer der weitaus Jüngste. Er amüsierte sich, wie ausgelassen die Alten, je länger der Abend dauerte, wurden. Die Maskierung, so lächerlich sie auch war, machte sie kühner und verwegener.

Dr. Hohenadl dachte daran, diese Gesellschaft mit einer ausgefallenen Kostümierung ein wenig zu provozieren. Als Absolvent der Klosterschule Mehrerau hing Dr. Hohenadl der Ruf an, ein treu ergebener Gefolgsmann der katholischen Kirche zu sein. Das zählte im Kreis seiner Bekannten und Verwandten. Es wurde als selbstverständ-

lich vorausgesetzt. Dr. Hohenadl hatte vor, in einem Papst-
kostüm aufzutreten, und wenn es sich ergeben sollte, eine
kurze karikierende Ansprache zu halten. Er wollte die
kleine Versammlung im Singsang des deutschen Papsts
ansprechen, in einem Italienisch mit ausgeprägtem baju-
warischen Akzent: »Carissimi amici catholici ...«

Um sich die geeignete Kostümierung zu beschaffen,
steuerte Dr. Hohenadl den Laden in der Wollzeile an. Hin-
terher schlug er sich mit der flachen Hand mehrmals im
Bewusstsein an die Stirn, so unüberlegt wie kaum einmal
in seinem Leben gehandelt zu haben.

Die Regale waren voller Heiligenfiguren, Kelche, Mess-
bücher, Kerzenständer. Auf Kleiderständern hingen reich
verzierte Stolen, Chorröcke, Alben, Talare, Tuniken und
Tücher verschiedenster Art.

Der Verkäufer sah Dr. Hohenadl fragend an. Der deutete verwirrt auf einen Garderobenständer. »Ein Messge-
wand? – Treten Sie näher. Das ist sehr hochwertige Ware.
Wir haben sie direkt aus Rom bezogen. Ich nenne nur den
Namen Gammarelli aus der Via Santa Chiara. Wenn Sie
wissen, was ich meine.«

Dr. Hohenadl kannte den Namen nicht. Er nahm sich
vor, zu Hause nachzuschlagen.

»Oft fertigen Nonnen diese Stücke im Zuge ausgedehn-
ter asketischer Übungen an. Alles Handarbeit, jedes Mus-
ter mit vielen innigen Gebeten durchwirkt. Im Grunde
unbezahlbar. Wir haben natürlich auch die Sachen von
Euroclero da. Können wir uns jederzeit ansehen.«

Dr. Hohenadl sah blitzartig seinen Irrtum ein. Er
glaubte, bei einem Kostümverleih zu sein, aber hier schien
es um etwas ganz anderes zu gehen.

»Für eine Primiz, nehme ich an«, sagte der Verkäufer.
Verwirrt, wie er war, nickte Dr. Hohenadl.

»Das hier ist Goldbrokat«, erklärte der Verkäufer. »Ein
hochpreisiges Stück, muss ich zugeben. Aber hier, sehen
Sie, wir führen so gut wie alle Farben: Violett, Rot, Grün,
Gelb, Honiggelb wird sehr gern genommen. Es hat was
Frisches, Lebendiges. Am beliebtesten sind die großzügigen
Rankenverzierungen auf weißem Grund. Rankenverzie-
rungen gibt es in allen denkbaren Varianten. Fassen Sie
ruhig an, fassen Sie an!«

Dr. Hohenadl strich mit der Hand über die Seidenstoffe.

»Das Übrige muss dazupassen. Sehen Sie, Hütchen,
Umhang, Schärpe und Soutane. Die Soutane hat bis zu
dreißig Knopflöcher. Bedenken Sie! Die roten Schuhe hier
… Ja, Sie können sie auch Slipper nennen, sind aus dem
Leder des männlichen Dachses. Die pelzbesetzte Mütze
hier ist nicht etwa für den Weihnachtsmann. Nein, die
könnte selbst der Papst an den höchsten Feiertagen tragen.
Dazu braucht es die richtige, farblich abgestimmte Schei-
telkappe. Die Fäden für die Verzierungen sind aus echtem
Gold. Natürlich sind die Edelsteine, mit denen die Mitra
verziert ist, echt. Die sind schon fast eines Papsts würdig.
Wir haben auch schlichtere.«

Der Verkäufer brauchte lang, um zu merken, dass er
Dr. Hohenadl überfordert hatte.

»Eigentlich wollte ich vorerst einmal bloß sondieren,
bevor ich mich festlege«, sagte Hohenadl.

»Sie meinen die Preisspanne? Sie reicht von rund tausend für die einfachsten Sachen bis zu fünftausend Euro.
Er muss Dr. Hohenadls konsternierten Gesichtsausdruck
gesehen haben, denn er fügte lachend hinzu: »Für Sie

genügen ja zwei Ausstattungen. Sie müssen nicht jeden Tag wechseln wie der Papst.«

»Das tat Jesus bestimmt auch nicht«, murmelte Dr. Hohenadl.

Der Verkäufer stutzte. »Mit Jesus war es etwas ganz anderes. Jesus bevorzugte einfache Schnitte. Er hatte nur einen schwach ausgebildeten Modegeschmack. Das müssen wir uns eingestehen. Seine Sachen waren fast durchwegs weiß. Das hatte mit dem Klima zu tun. Orientalische Hitze, müssen Sie sich vorstellen. Mit Weiß kam er am besten über die Runden.«

»Und eine Kopfbedeckung brauchte er nicht. Er hatte ja den Heiligenschein«, ergänzte Dr. Hohenadl.

Dr. Hohenadl bedankte sich beim Verkäufer für die ausführliche Information und erbat sich einige Tage Bedenkzeit. Zum Schluss fiel ihm auf, dass offenbar keine Hosenanzüge im Angebot waren. Auf dem Heimweg stellte er gründliche Überlegungen an. Nun kam ihm die Absicht frevelhaft vor, im Fasching den Papst nachzumachen. Bei welcher anderen Gelegenheit als an dem Abend mit der Gesellschaft bei Tante Fini sollte er diese aufwändige Ausstattung noch einmal verwenden können? Die Ausgaben dafür würden ihn in die Armut reißen.

Dr. Hohenadl nahm sich fest vor, einmal als afrikanischer Häuptling zu gehen, der seine Untertanen mit einem pompösen bunten Kostüm samt imposanter Kopfbedeckung beeindrucken will. Doch er fürchtete den Preis. Der würde für diese aufwändige Ausstattung gewiss nicht gering sein. Für diesmal, für die Gesellschaft der älteren Herrschaften bei Tante Fini, wollte er es bei einer Augenklappe belassen. Er besaß noch eine aus der Zeit, als er zwei Wochen lang auf dem linken Auge kein Licht vertragen hatte und vom Arzt die Klappe verschrieben bekommen hatte. Die Gäste Tante Finis sollten ihm den Gefallen tun und ihn für einen Seeräuber halten.

Dr. Hohenadl
als Partnerschaftsvermittler

Wenn Dr. Hohenadl bei seiner Cousine Charlotte in St. Pölten zu Besuch war, schaute er fasziniert auf das Gemälde *Die Erwartung* von Ferdinand Georg Waldmüller, das über einer Biedermeierkommode hing. Das Bild prägte sich scharf in sein Bewusstsein ein. Es wäre ihm leichtgefallen, selbst wenn man ihn mitten in der Nacht geweckt hätte, das Gemälde bis ins Detail zu beschreiben. Damals lebte Charlottes Mann noch. Die beiden führten eine seltsame Ehe. Er war Deutscher aus Kassel, Mittelschulprofessor, und wusste alles besser.

Die Themen gingen ihnen nie aus. Die sprachlichen Unterschiede zwischen Österreich und Deutschland bildeten ein unerschöpfliches Thema für ihre Streitgespräche. Die österreichischen Varianten waren in den Augen und Ohren des Mittelschulprofessors nichts weiter als Verballhornungen der korrekten deutschen Sprache, wie er sie gebrauchte. Das Banalste konnte zu einer Auseinandersetzung führen. Wann immer Charlotte eine eigene Meinung hatte, behauptete er, um das Gespräch in Gang zu halten, etwas anderes. Sie blieb gelassen und amüsierte sich über seinen Eifer. Während dieser heftigen Duelle vergaßen sie manchmal auf Dr. Hohenadls Anwesenheit. Er zog inzwischen ein Buch aus einem Regal und begann zu lesen. Wenn sich die beiden Streithähne dann wieder an ihn erinnerten, wandte sich der Mittelschullehrer intensiv an Dr. Hohenadl und deckte ihn mit einem belehrenden Monolog zu.

Als der Mann todkrank wurde, wunderte sich Dr. Hohenadl nicht, als ihm Charlotte schon vor dem Ableben ihres klugen Lehrers anvertraute, sie werde wieder heiraten, jedenfalls wolle sie auf keinen Fall allein bleiben. Charlotte war noch nicht einmal fünfzig und konnte, so fand Dr. Hohenadl, mit ihrer Klugheit, ihrem Charme, mit ihrem offenen Gesicht, ihrer repräsentativen Größe und dem Stich des vollen Haars ins Rötliche so gut wie anziehend genannt werden. Dr. Hohenadl war allerdings, wie er sich eingestand, kein Frauenkenner. Warum sie um ihre Figur ein seltsames Geheimnis machte, verstand er nicht. Es fiel auf, dass sie stets Kleider trug, die es vermieden, darüber eine klarere Aussage zu machen. Es widerstrebte ihm, darüber genauer nachzudenken.

Als sie ihm nach der Beerdigung des Mittelschulprofessors erklärte, sie werde das Haus in St. Pölten aufgeben und nach Wien ziehen, kam ihm das auch noch plausibel vor. Als Charlotte ihn allerdings bat, er, Dr. Hohenadl, solle ihr den einen oder anderen Kandidaten empfehlen, kam er aus dem Staunen nicht heraus. Er wollte heftig abwehren, kam jedoch nicht dazu, denn Charlotte sagte: »Für den Fall, dass es klappt, setze ich eine Prämie aus.«

Dr. Hohenadl wollte herausfinden, was darunter zu verstehen sei, ob Geld oder Sachwerte. Für ihn kamen nur Sachwerte infrage, denn Geld – das hatte ihm und seinen Brüdern der Vater eingebläut, sei nicht das Erstrebenswerteste auf der Welt. Im Kopf ging er durch, womit er sich aus Charlottes Besitz belohnen lassen würde und berücksichtigte dabei ihre Zusatzäußerung, dass ihr eine neue glückliche Beziehung sehr viel wert sein würde.

Im Moment, da diese Bemerkung gefallen war, wusste Dr. Hohenadl blitzartig ganz genau, worin sein Lohn bestehen sollte.

Die Aussicht auf diese Belohnung erschien Dr. Hohenadl außerordentlich reizvoll. Er hatte zunächst gar nicht den geringsten Zweifel an seiner Qualifikation als Partnervermittler. Bevor er seine Vorgangsweise im Detail überlegte, dachte er daran, was es an Charlotte Lobenswertes gab, dachte an ihre Vorlieben und ihren Charakter. Würde er sich Charlotte als Partnerin wünschen? Wohl nur, wenn in einer notariell beglaubigten Vereinbarung ausdrücklich getrennte Wohnsitze festgeschrieben wären. Auf Dauer, in einem Stück, würde er sie nicht ertragen. Warum? Zu anstrengend. Sie redete viel und gönnte dem Gegenüber keinen Moment der Entspannung. Schaute jemand bloß in die Luft, wurde sie nervös. Eine Unterhaltung musste Substanz haben, sonst brauchte sie gar nicht erst geführt zu werden. Stets klopfte sie ihre Gesprächspartner ab, der Dialog nahm unwillkürlich den Charakter einer Prüfung an. Jederzeit musste man mit einer indiskreten Frage rechnen. Mit ihrem Mittelschulprofessorgatten hatte sie ein fortwährendes Spiel gespielt. Das hatte funktioniert. Er war für sie mit seinen ausgeprägten deutschen Eigenheiten, vor allem der Besserwisserei, eine nie versiegende Quelle von Skurrilitäten. Und für Skurrilitäten hatte sie viel übrig. Daher ertrug sie auch sein Faible für englische Mode, mit dem er fürs Erste kaschierte, dass er ein unverbesserlicher Piefke durch und durch war.

Dr. Hohenadl ging gründlich vor und machte eine Liste. Darauf schrieb er:

Finanziell unabhängig,

attraktiv,

vielseitig interessiert,

gesellschaftsfähig.

Natürlich sprach er mit Charlotte über alle diese Eigenschaften, die ein potentieller Kandidat haben musste. Das Alter war nicht sehr wichtig. Bis siebzig würde sie einverstanden sein, falls die anderen Qualitäten stimmten. Dazu gehörten selbstverständlich auch einwandfreies Benehmen, ferner Intelligenz, Toleranz, Bindungsfähigkeit, breit gefächerte Interessen, um am Wiener Kulturleben intensiv teilnehmen zu können, und anderes.

»Wenn er aus gutem Haus stammt, wär's mir recht. Ein Diplomat kommt nicht infrage.« Alles in allem lief ihr Anforderungsprofil darauf hinaus, der Neue sollte den verblichenen Mittelschulprofessor überflügeln. Immer wieder redete Charlotte von ihrer unbändigen Lebenslust. Die Lebenslust solle sich von nun an ungehemmt Bahn brechen.

Dr. Hohenadl unterbrach seine Grundlagenarbeit immer wieder, indem er sich dem Traum von der Prämie hingab. Er durfte sich etwas Besonderes erhoffen. Nicht bloß ein Silberbesteck oder eine nachgemachte Gallé-Vase. Er wollte auch nicht mit einer Figurine aus Charlottes Goldscheider-Sammlung abgespeist werden. Nein, Dr. Hohenadl wusste genau, wie sein Lohn aussehen sollte. Ja, das Waldmüller-Gemälde schien ihm die angemessene Belohnung für seine Anstrengungen zu sein. Zu diesem Zeitpunkt ahnte er aber noch nicht, welchen Umfang seine Bemühungen annehmen würden.

Das Waldmüller-Bild gefiel ihm wirklich. Nur ein Banause hätte in der männlichen Gestalt am rechten Wegrand einen Bettler sehen können. Streckte sich da doch ein Jüngling voller Sehnsucht mit Blumen in der Hand dem Mädchen entgegen, das sich ihm wie eine Lichtgestalt näherte. War das nicht vollendete Malerei? Kitsch war es doch nicht, oder? Dr. Hohenadl liebte das Gemälde gerade mit der richtigen Intensität. Mit Inbrunst, aber doch mit Maßen. Im schlimmsten Fall materieller Bedrängnis nämlich, wenn etwa seine Apanage einmal ausbleiben sollte, müsste es ihm ohne seelische Verwundung möglich sein, sich von dem Bild zu trennen und es zu Geld zu machen. Dann würde er sich damit dem Urteil beruhigen, das Gemälde suche Gefühle auf eine doch sehr vordergründige Art auszudrücken und leugne so bedauerlicherweise den unschuldigen Zauber, den es ausstrahlen wollte.

Zuvor aber hatte er vor, probeweise mit dem Gemälde zu leben, von dem er glaubte, es würde in seinem Wohnzimmer für positive Energien sorgen. Er ging in seiner Vorfreude so weit, nach einer erschwinglichen Kopie zu forschen, im selben Format wie das Original, um sie einstweilen an die Wand zu hängen. Wenn er davorstand, war ihm klar: Die Hoffnungen des Jünglings auf dem Bild unterschieden sich zwar erheblich von seinen eigen, aber der Titel *Erwartung* war absolut zutreffend.

Erst allmählich wurde Dr. Hohenadl bewusst, wie wenig Gedanken er sich gemacht hatte, ob er der Geeignete für die ihm von Charlotte übertragene Aufgabe war. Gab es in seinem Bekanntenkreis potentielle Kandidaten? Gute Bekannte hatte er nicht sehr viele. Er war eher ein Einzelgänger aus Überzeugung und ließ sich niemals unüberlegt auf andere ein. Nun aber, wenn er durch die Stadt ging, sah er sich die Menschen an und fragte sich bei Männern über fünfzig, ob Charlotte sie goutieren würde. So aber kam er nicht weiter. Er konnte doch nicht auf den Nächstbesten zugehen und ihn fragen, ob er nicht der neue Partner seiner Cousine Charlotte werden wollte. Es wurde ihm klar, wie aufwändig die Manöver sein würden, um ans Ziel zu gelangen. Als Erstes, dachte er, müsste er viel mehr unter Menschen gehen, Kontakte suchen. Von Erkundungen im Internet hielt Charlotte nichts, Zeitungsanzeigen lehnte sie ebenfalls ab.

Dr. Hohenadl musste seine Menschenscheu überwinden. Als Erstes besuchte er einen Vortrag an der Volkshochschule Favoriten, einen Vortrag über die Hölle. Aus seiner Zeit im Internat wusste er einiges über die Hölle. Damals hatten die Erzählungen darüber für ihn denselben Stellenwert wie Grimms Märchen gehabt. Der Vortragende, der vor den rund zwanzig Zuhörern loslegte, meinte es bitter ernst mit der Hölle. Dort blühte den sündigen Menschen die Strafe, die endlose Tortur im Feuer. Ein Vergehen genügt, sagte der Vortragende, um ewig gequält zu werden. Der Masse der Menschen stünde genau dies bevor. Der Mann redete sich in Rage und versicherte, dies sei nicht bloß seine Privatmeinung. Alles, was er sage, könne man beim heiligen Augustinus nachlesen.

Dr. Hohenadl freute sich sowohl über das Thema, als auch über das Temperament des Redners, weil er sich ausmalte, wie lebhaft Charlotte genau auf diese Qualitäten anspringen würde. Mit ihrem Widerspruch war zu rechnen, und für Anlässe zu andauernden und immer wiederkehrenden Debatten wäre gesorgt. Als er sich den Vortragenden ansah, war er zufrieden. Nicht nur das Thema passte, sondern auch der Mann. Gut, er war ein wenig dicklich, und die weißen Haare sahen aus, wie unter der Trockenhaube in Wellen gelegt. Aber das Alter stimmte und eine gewisse väterliche Aura, wie sie Charlotte bei etwas älteren Männern schätzte, war ebenfalls vorhanden. Halbwegs gepflegt sah er auch aus.

Am Ende des Vortrags drängte sich Dr. Hohenadl nach vorne und kam als Dritter an die Reihe, um dem Vortragenden, der aufgrund seines Engagements rote Backen hatte, eine Frage zu stellen. Er gab vor, Genaueres über den Ort der Hölle wissen zu wollen. Es entstand eine Pause. Eine spontane Antwort schien nicht zu kommen.

»Lassen Sie sich ruhig Zeit«, sagte Dr. Hohenadl. »Es muss nicht sofort sein. Ich wäre froh, wenn sie einmal Zeit für ein ausführlicheres Gespräch hätten.«

Der Vortragende zückte eine Visitenkarte. Dr. Hohenadl las: Franz Joseph Unterberger, Moraltheologe.

»Rufen Sie mich an«, sagte der Mann beherzt, weil er nicht ahnte, was für ihn folgen würde.

Dr. Hohenadl rief an und lud ihn in seine Wohnung am Loquaiplatz ein. Zuvor lieh er sich noch ein Buch über die Hölle von den Städtischen Büchereien aus, um für eine eventuelle Diskussion gewappnet zu sein. Charlotte war da, als Franz Joseph Unterberger eintraf. Charlotte hatte ein Abendessen vorbereitet. Dr. Hohenadl steuerte den Nachtisch bei: Zwetschkenfleck. Jeden Frühherbst freute er sich auf die Zwetschkenernte. Denn Dr. Hohenadl verstand sich auf die Zubereitung des Zwetschkenflecks wie kein anderer. Er ging dabei akribisch vor. Er bestimmte allen Ernstes die Größe der eingekauften Zwetschken – der billigsten vom Naschmarkt – und fertigte dann eine Zeichnung an, einen Belegeplan, nach dem er dann die geteilten Zwetschken auf der Teiggrundlage platzierte. Seiner Berechnung nach sparte er mit dieser Methode gegenüber herkömmlichen Zwetschkenflecken ein Drittel der Früchte ein. Freilich kostete ihn die ganze Prozedur fast zwei Tage.

Charlotte hatte sich für Rinderfilets als Hauptspeise entschieden. Mit einem angedeuteten Knicks nahm sie aus Unterbergers Hand eine Orchidee entgegen, die aussah, als sei sie aus Plastik.

Man aß, man trank. Erst allmählich wurde Unterberger klar, dass Charlotte und Dr. Hohenadl kein Ehepaar waren. Charlotte war eine Meisterin im diplomatischen Vermitteln wichtiger Botschaften. Wenn es aber darum ging, jemand anderen auszufragen, steuerte sie ihr Ziel oft ohne Umschweife an. Daher kam schon gleich nach der Nachspeise an den Tag, dass Unterberger katholischer Priester gewesen war, bevor er von der Kirche verstoßen wurde. Wegen der Liebe zu einer Frau. Für die aber habe er allen Reiz verloren, sobald er nicht mehr der Mann in der Soutane gewesen war. Unterberger sprach von perversen Neigungen, die er zu spät erkannt hätte.

Dr. Hohenadl rieb sich unter dem Tisch die Hände und war stolz auf seine Menschenkenntnis. Charlotte bohrte nach und geriet, je länger der Abend dauerte, mehr und mehr in Fahrt. Unterberger antwortete auf alle Fragen und nahm einen Ton an, als hätte er eine große Gemeinde vor sich. Für eine Diskussion über die Hölle blieb kaum Zeit, sodass man vereinbarte, das Gespräch demnächst fortzusetzen.

Nach der dritten Einladung – es gab einen Lammbraten mit Kräuterkruste – war Dr. Hohenadl sicher, nicht länger assistieren zu müssen. Er rechnete jeden Tag mit der Übergabe seines Lohns, Waldmüllers *Erwartung*. Aber nach vier Wochen war die Unterberger-Affäre zu Ende. So lang gefiel es Charlotte, den Fall des ehemaligen Priesters zu studieren. Sie berichtete Dr. Hohenadl haarklein. Unterberger sei vom Verlangen besessen, für seine Verfehlung eine schwere Strafe zu empfangen, wenn er dann nur wieder in den Schoß der katholischen Kirche zurückkriechen dürfe. Er habe alles getan, um ja nicht mit ihr in der Öffentlichkeit gesehen zu werden. Um fünf Uhr in der Früh stehe er auf, um die erste Messe nicht zu versäumen. Die Hölle sei sein Leib- und Magenthema, weil er sich masochistisch Tag und Nacht die Konsequenzen ewiger Verdammnis vor Augen führen wolle. Unterberger schreibe täglich Briefe an die obersten Geistlichen, in denen er seine Zerknirschung kundtue, aber noch zeige die Kirche keinerlei Reaktion auf sein Gewinsel und lasse ihn schmoren. Dr. Hohenadl sah *Die Erwartung* wieder so, wie er sie früher gesehen hatte: aus weiter Ferne.

Der Nächste war ein Engländer. Er hatte Dr. Hohenadl auf der Kärntner Straße nach der Franziskanerkirche gefragt. Dem Mann war nicht anzusehen, dass er wegen der Suppenküche dorthin wollte. Das erfuhr Dr. Hohenadl erst vier Einladungen bei sich zu Hause später, als Charlotte schon in den Akzent und in die guten Manieren Mark Robertsons verliebt war. Dies dauerte so lang, bis ihre Recherchen über seine Herkunft komplett waren. Er war kein Anwalt mit einer Kanzlei in London, sondern auf der Flucht vor den Steuerbehörden und seit Längerem schon mittellos von einem Land ins nächste unterwegs. Bei einer dieser Einladungen hatte es als Nachtisch Zwetschkenfleck nach einer exakt gezeichneten Vorlage gegeben. Mark Robertson, der sagte, er sei ja auch schriftstellerisch tätig, lobte die Mehlspeise überschwänglich. Er könne sich vorstellen, dem Zwetschkenfleck ein kleines Prosastück zu widmen.

Den dritten Kandidaten lernte Dr. Hohenadl im Kunsthistorischen Museum kennen, vor dem Waldmüller-Gemälde *Die Familie des Notars Dr. Eltz in Bad Ischl*. Er kam mit dem Mann über die malerischen Qualitäten Waldmüllers ins Gespräch. Der andere, der sich als Albert Lauermann vorstellte, schien sich bestens auszukennen. Wie nebenbei zeigte er auf ein Mädchen rechts im Vordergrund des Bildes und sagte: »Übrigens, das ist meine Urgroßmutter.«

Dr. Hohenadl war verblüfft. Lauermann gab sich als Kunsthistoriker zu erkennen, als Berater im Dienst verschiedener adeliger Familien beim Kauf und Verkauf Alter Meister. Dr. Hohenadl war glücklich, gleichsam einem Kollegen zu begegnen. Gern hätte er über seine spezielle Waldmüller-Beziehung gesprochen, sagte jedoch vorerst noch nichts. Damit hätte er Lauermanns abgebildete Urgroßmutter spielend ausgestochen. Was hatte der von seiner abgebildeten Urgroßmutter, wenn ihm das Bild nicht gehörte.

Während der ersten Abendeinladung – es gab Saibling in Champagnerbeurre mit Kräutersalat und auch diesmal den nach bewährter Vorzeichnung zubereiteten Zwetschkenfleck – erwies sich Lauermann als blendender Erzähler, und Dr. Hohenadl kam als begeisterter Zuhörer aus dem Staunen nicht heraus. Er fing an zu ahnen, wie gut die nutzlose Beschäftigung mit Kunst zum Müßiggangprojekt passte. Sie würde seinen Verstand auf Trab halten, dachte er, ähnlich wie das bei seinem Vater gewesen war, der

146

seinen Kopf angeblich mit philosophischen Gedanken ausgelastet hatte.

Weil ihn der Mann selbst so beeindruckte, achtete
Dr. Hohenadl an diesem ersten Abend mit Albert Lauermann
zu wenig auf seine eigentliche Funktion, die des Vermitt-
lers. Lauermann erzählte von seinen Geschäften im Kunst-
markt, von echten Rembrandts, von gefälschten Dürers
und von spektakulären Entdeckungen in diversen Nach-
lässen. Dr. Hohenadl stellte beschämt fest, von der Kunst
und ihrer Rolle in der Gesellschaft viel zu wenig Ahnung
zu haben. Er nahm sich vor, mehr zu erfahren, und
Lauermann schien ihm der geeignete Informant zu sein.
Mehrmals trafen sich die beiden im Café Jelinek. Bald waren
sie per Du. Dr. Hohenadl hatte ein schlechtes Gewissen,
weil er nichts für die Annäherung zwischen Lauermann
und Charlotte tat. Ein wenig Sorge hatte er, weil Lauermann
Charlotte nur bis zum Kinn reichte. Hie und da fiel ihm
nämlich doch die Prämie ein, die ihm als Kuppler winkte.
Das Wort Kuppler gebrauchte er übrigens nie. Nicht einmal
in Gedanken. Einmal wurde er von Lauermann, den er
inzwischen nur mehr beim Vornamen nannte, um eine
kleinere Summe gebeten. »Nur um einen momentanen
Engpass zu überbrücken«, wie Lauermann sagte.

Zwischendurch bekam Dr. Hohenadl willkommene Nach-
richten. Charlotte und Lauermann schienen auf dem besten
Weg zu sein. Sie berichtete ihm, Lauermann habe ihr schon
sehr bald angeboten, ihren Kunstbesitz zu schätzen. Vor einem Seidenteppich aus Kaschan sei Lauermann in ehr-
fürchtiges Staunen verfallen. Für diesen Teppich wisse er,
soll Lauermann gesagt haben, einen Käufer, der bereit sei,
sofort einen Spitzenpreis zu bezahlen. Einen Preis, für den

man eine repräsentative Wohnung in der Wiener Innenstadt kaufen könne.

Wenig später glaubte Dr. Hohenadl am Ziel zu sein. Albert Lauermann war bei Charlotte eingezogen. Jetzt war die Prämie fällig. Aber er wollte nicht plump sofort darauf drängen und zügelte seine Ungeduld. Die Reproduktion des Waldmüller-Gemäldes hing er nun in seiner Wohnung nicht mehr auf, weil er nun jeden Tag mit der Übergabe des Originals rechnete.

Die Sache mit dem Seidenteppich aus Kaschan entwickelte sich währenddessen. Albert Lauermann wollte unbedingt mit dem Verkauf beauftragt werden, zumal sein Kunde schon ganz begierig auf den Teppich sei und abzuspringen drohe, sollte ihm ein anderes Angebot begegnen. Lauermann wollte den Auftrag nicht zuletzt als Vertrauensbeweis Charlottes, als Investition in die sich anbahnende gemeinsame Zukunft, verstanden wissen.

Charlotte stimmte nach längerem Zögern zu. Danach hörte Dr. Hohenadl lang nichts von ihr. Er wurde, wenn er an *Die Erwartung* dachte, immer ungeduldiger. Und er dachte oft an sie. Als die Spannung ihren Höhepunkt erreicht hatte, rief Charlotte an. Der Teppich aus Kaschan sei verkauft. Durch Schwierigkeiten bei der Ausfuhr habe sich die Prozedur leider in die Länge gezogen.

Dr. Hohenadl war erleichtert und wusste nicht, wie er nun die Rede auf seine Prämie bringen sollte. Er, der normalerweise gewieft und diplomatisch vorging, tat es letztlich auf tollpatschige Art. »Albert ist ein geschickter Vermittler. Ich könnte eifersüchtig werden. Aber ich bin auch kein schlechter Vermittler. Schließlich habe ich euch beide zusammengebracht.«

»Albert ist schon vor drei Wochen ein wenig überstürzt verreist. Und weißt du warum? Er hat sich dafür geschämt, weil sich die Bank so viel Zeit für die Überweisung der Zahlung für den Kaschan lässt. Albert ist weg, aber das Geld ist noch immer nicht da.«

Dr. Hohenadl
berät einen Regisseur

Erst als Dr. Hohenadl im Lift zur Wohnung seiner Cousine Charlotte mit einem Mimosenzweig in der Hand hochfuhr, fiel ihm ein, dass er nicht ausdrücklich nach dem Namen des Mannes gefragt hatte, der zu ihr zum Abendessen kommen würde. Sie hatte zu Mittag aufgeregt angerufen und ihn dringend gebeten, ihr beizustehen. Sie brauche ihn als Gesprächspartner. Der Mann, den sie kennengelernt hätte, sei ein Regisseur, einer aus Deutschland, ein echter Künstler also, und ihr sei diese Bekanntschaft äußerst wichtig. Er habe ihr angedeutet, sie für seine Wiener Inszenierung als Assistentin zu engagieren.

Erst jetzt im Aufzug fragte er sich, ob er dem Gespräch mit einem Regisseur, noch dazu mit einem aus Deutschland, gewachsen sein würde. Nach Charlottes Anruf hatte er durchgerechnet, welchen Vor- und welchen Nachteil die Einladung mit sich brachte. Er sparte sich die Kosten für ein Abendessen, dafür musste er Geld für Blumen ausgeben. Im Laden war er dann sehr erleichtert, als er diesen Mimosenzweig fand, der um die Hälfte verbilligt war, vermutlich, weil er seinen Blühfreudigkeitszenit schon überschritten hatte.

Der Regisseur erwies sich als ein Mann von etwa fünfzig Jahren, klein, wenig Hals und fettigen, zurückgekämmten Haaren. Dr. Hohenadl hörte genau hin, als er seinen

Namen nannte, verstand ihn aber nicht. Er hatte einen blauen Pullover an und einen roten Schal um den Hals. Charlotte war übertrieben aufgekratzt. Sie hatte die Vorspeise, eine kunstvoll dekorierte kleine Sülze, bereits serviert, und das Gespräch war offenbar bereits mitten im Gang. Dr. Hohenadl war zu spät dran, weil er im ersten Blumenladen nichts Geeignetes, nichts Günstiges, gefunden hatte. Jetzt wartete er darauf, sich einklinken zu können, wusste aber noch nicht, worum es ging. Es wurde ihm bewusst, dass er nicht einmal den Titel des Stücks kannte, das der deutsche Regisseur in Wien inszenieren wollte. Auch nicht an welchem Theater. Zum Glück redete der Regisseur ohnehin unentwegt, und Charlotte begnügte sich damit, ihm immer wieder recht zu geben. Er sagte, dass der Dramaturg das Stück mit den Darstellern zwar gelesen habe, dass er aber zum Ensemble gesagt hätte, alle Beteiligten könnten den Text sofort wieder vergessen. Das interessierte Dr. Hohenadl, weil er bis dahin angenommen hatte, das Rollenlernen stünde am Anfang einer jeden Inszenierung. Er, setzte der Regisseur fort, habe den Schauspielern erklärt, die endgültigen Texte würden erst im Lauf der Probenarbeit bereitstehen, denn es handle sich um ein *work in progress*. »Aber natürlich sind die Ideen schon alle in meinem Kopf«, sagte er und klopfte sich dabei mit vier Fingern seiner rechten Hand mehrmals auf die Stirn. »Es ist im Grunde so, dass es um Ikarus geht«, sagte er.

Dr. Hohenadl war froh, nun einen Anhaltspunkt zu haben.

»Ah, der alte Weltraumflieger!«, warf Dr. Hohenadl ein – es sollte bewusst locker klingen – und ging im Kopf das ihm bekannte Stückerepertoire durch, um auf einen Ikarus-Stoff zu kommen. Vergeblich.

»Genau der«, bestätigte der Regisseur.

Dr. Hohenadl gratulierte sich, weil er mit einem echten Künstler wie diesem Regisseur mithalten konnte.

»Ich dachte, am wichtigsten ist der riesige Käfer, der auf dem Rücken liegt und die ganze Zeit mit seinen dünnen fünf Beinen strampelt?«, fragte Charlotte.

»Warum nur fünf dünne Beine?«, fragte Dr. Hohenadl.

»Das sechste ist ihm abhandengekommen. Ja, es stimmt schon, der große Käfer ist wichtig. Da stimme ich auch mit unserem Bühnenbildner überein. Der Käfer wird ständig präsent sein – als eine Art Fetisch, als ein Kultwesen von mir aus.«

Dr. Hohenadl war irritiert, denn den auf dem Rücken liegenden Käfer ordnete er sofort Franz Kafka zu. Er kannte aber kein Stück, das Gregor Samsa mit Ikarus zusammenbrachte.

»Und Ikarus wird die Flügel schlagen?«, fragte Charlotte.

»Das trifft einen zentralen Punkt. Aber Ikarus ist nicht allein. Nein, der Ikarus-Mythos muss relativiert werden. Wir leben im 21. Jahrhundert. Er heißt Peter und hat selbstverständlich eine weibliche Entsprechung, Emelie.«

»Ja, das liegt auf der Hand«, stimmte Charlotte zu. »Die männliche Dominanz gehört infrage gestellt. Die Flugidee darf keine männliche Domäne bleiben.«

»Und beide soll man fliegen sehen, mit Flügeln aus Federn, gebaut nach dem Rezept aus der Antike?«, fragte Dr. Hohenadl.

»Ich habe mich noch nicht entschieden«, antwortete der Regisseur. »Ja, sie könnten ganz reale Flügel haben, aus echten Federn. Aber es wäre auch möglich, stark zu stilisieren.«

Charlotte konnte sich dafür erwärmen.

»Es genügt, wenn sie an der Rampe stehen und das Fliegen nur andeuten.«

Charlotte machte es mit angezogenen Armen vor.

»Die Fantasie des Publikums ist leistungsfähiger, als man meint, besonders des Wiener Publikums.«

»Der Bühnenbildner schlägt vor, einen Prospekt mit Sternbildern im Hintergrund aufzurollen, also von oben nach unten, wodurch ganz von selbst der Eindruck einer Aufwärtsbewegung entstünde«, sagte der Regisseur.

»Man könnte sich ja auch Rat bei den Zirkusleuten holen, die sich mit Schwebenden Jungfrauen auskennen.«

Diesen Beitrag Charlottes überging der Regisseur und fuhr in seinem Bemühen fort, seine laienhaften Zuhörer zu beeindrucken.

»Peter ist Ikarus, und er hat die Partnerin Emelie. Sie bereiten ihren Flug mit Experimenten vor. Ich möchte da nicht stehen bleiben. Peter ist für mich nicht bloß Ikarus, sondern auch Otto von Lilienthal und Wernher von Braun. Daher kommen Videos vor, die den gleitenden Lilienthal zeigen, und andere von geglückten und missglückten Raketenstarts.«

Dr. Hohenadl kam sich wie der Kandidat in einem Quiz vor, der immer mehr Hinweise bekommt, um schließlich auf den gefragten Begriff zu kommen. In diesem Fall war es der Titel des Stücks. Es fiel ihm keines ein, auf das die vom Regisseur genannten Ingredienzien passten.

Der Regisseur stand jetzt auf und ließ die Lachsforelle auf Kräuterbeet vor ihm auf dem Teller im Stich, um mit großen Gesten das Bühnengeschehen anschaulich zu machen. »Der Käfer liegt rechts die ganze Zeit über auf dem Rücken. Im Vordergrund üben Peter und Emelie für den

Flug ins All. Ein Chor von Astronauten kommentiert das Geschehen. Die Texte dazu werden gerade vom Dramaturgen verfasst. Natürlich nach meinen Angaben.«

Existierte das Stück noch gar nicht? Dr. Hohenadl kannte sich nicht mehr aus. Aber im nächsten Moment begriff er.

»Die Vorlage ist ja nur sehr bedingt brauchbar. Das trifft übrigens auf die meisten alten Stücke zu. Sie muss aufgemöbelt werden, damit sie im Gegenwartstheater ankommt. Ich denke übrigens daran, eine Szene mit der Landung des ersten einbeinigen Astronauten auf dem Mond einzubauen.«

Nun verstand Dr. Hohenadl schon mehr. Das Stück existierte zwar, war aber vermutlich in einem maroden Zustand. Der Regisseur musste ihm erst die zündenden Ideen einblasen.

»Die entscheidenden Szenen finden dann im Weltraum statt, wenn die kosmischen Kräfte es nicht mehr bei Drohungen belassen, sondern zum Angriff übergehen. Diese Passagen leben nicht zuletzt von wirksamer Weltraummusik.«

Nun war Dr. Hohenadl klar: Es musste um irgendein Fantasy-Stück gehen. In dieser Sparte kannte er sich nicht gut aus.

»Ein Großteil dieser Rollen sind schon ausformuliert. Aber immer noch spiele ich mit dem Gedanken, nicht dem Rollenschema zu folgen. Denn es ist traditionell und abgeschmackt. Man kann das Stück auch als einzigen großen Monolog verstehen, der im Kopf des Autors stattgefunden hat und der nun auf die Bühne gebracht wird.«

Dr. Hohenadl war perplex. Mit einer einzigen Bemerkung hatte der Regisseur das herkömmliche Theater vernichtet. Sollte dieser Gedanke Schule machen, überlegte

Dr. Hohenadl, würde dies einen herben Schlag für Tausende von Schauspielern bedeuten. Denn für jedes Stück würde nur noch einer oder eine benötigt.

»Es wäre eine Konzentration auf das Wesentliche«, merkte Charlotte zustimmend an.

»Aber so weit will ich diesmal noch nicht gehen. Vielleicht erst bei meiner nächsten Inszenierung.«

Dr. Hohenhadl war erleichtert, dass es der Regisseur diesmal noch nicht so weit trieb.

»Der Mond droht auf die Erde zu stürzen. Das kann nur im letzten Moment verhindert werden«, setzte der Regisseur fort.

»Aber die beiden Raumfahrer kehren doch unversehrt zur Erde zurück?«, fragte Charlotte besorgt.

»Das möchte ich offenlassen. Es wäre zu plump, ein Happy End anzubieten.«

Mit diesem Satz setzte sich der Regisseur wieder vor seine inzwischen gewiss schon ausgekühlte Lachsforelle.

»Der Käfer darf ja bis zum Schluss nicht außer Acht gelassen werden«, warf Dr. Hohenadl auf gut Glück ein.

»Ganz recht. Nicht zuletzt durch den fünfbeinigen Käfer wird die Spannung bis zum Schluss aufrechterhalten«, bestätigte der Regisseur.

Charlotte sprang, indem sie Beilagen nachreichte, um ihn herum und bedeutete Dr. Hohenadl, dass er jetzt gehen könne. Dr. Hohenadl schützte eine noch dringend fertigzustellende Arbeit vor und verabschiedete sich.

»Besuchen Sie uns einmal bei der Probenarbeit«, rief ihm der Regisseur nach.

»Toi, toi, toi« antwortete Dr. Hohenadl noch beim Hinuntergehen, so geläufig, als wäre er einer aus der Branche.

Dr. Hohenadl verließ das Haus in voller Zufriedenheit und in der Gewissheit, sich die Freikarte gesichert zu haben. Er hielt sich zugute, mit dem Regisseur, einem echten Künstler, mitgehalten zu haben. Freilich war er ein bisschen unzufrieden, weil es ihm nicht gelungen war, weder den Titel des Stücks, noch das Theater, in dem es inszeniert werden sollte, noch den Namen des Regisseurs herausgefunden zu haben.

Am nächsten Tag machte er sich daran, die Spielpläne der Theater zu durchforsten, fand aber nichts. Schließlich rief er Charlotte an. Sie dankte ihm, noch ehe sie ihn zu Wort kommen ließ, für seine Gesprächsbeiträge und verriet, dass sie mit dem Regisseur, Ivan Kowalski aus Hamm im Ruhrgebiet, auf einem sehr guten Weg sei.

Seine dringenden Fragen beantwortete sie so: Das Stück heiße *Peterchens Mondfahrt* und werde von der Amateurgruppe *Meidlinger Guckkasten* aufgeführt. Der Titel störe Ivan sehr. Er fände ihn zu kindlich. Darum werde er einen anderen wählen. Vermutlich *Sumsemann*.

»Das mag vielleicht nicht spektakulär klingen«, sagte Charlotte, aber Kowalski habe die Zusage eines Dramaturgen des Burgtheaters, der versprochen habe, sich die Aufführung ganz bestimmt anzusehen. »Und dann ist sein Weg gemacht. Denn Ivan wird mit jedem Stück, das man ihm vorlegt, fertig.«

Dr. Hohenadl
ergänzt sein Bücherregal

Charlotte, seine Cousine aus St. Pölten, hatte schon mehrfach angemerkt, dass er mit der Bücherwand etwas unternehmen müsse. Sie stellte sich hin, zeigte mit ausgestreckter Hand nach oben und sagte, was ihr nicht passte. Doch beließ sie es nicht bei einem einfachen Hinweis, sondern kam mit ihrem Nörgelton zu keinem Ende. Dr. Hohenadl brauchte aber nicht mit der Nase drauf gestoßen zu werden, er wusste es selbst ganz genau. Tagtäglich störte es ihn. Er hielt die Bücherwand für unverzichtbar, weil sie sich im Wohnzimmer äußerst dekorativ ausnahm. Doch das Manko: Sie reichte nicht bis an die Decke. So war sie, genau genommen, keine richtige Bücherwand, eher eine Stellage. Zwei Reihen fehlten bis nach ganz oben.

Oft dachte Dr. Hohenadl daran, den Mangel zu beheben. Aber nie konsequent genug. Nie führten seine Überlegungen zu einem festen Entschluss, nie mündeten sie in die Tat. Nötig war ein Regal, das in die ärgerliche Lücke zwischen der Oberseite der Bücherwand und dem Plafond des Raums genau hineinpasste. Er war sogar schon mit einem Zollstab auf einen wackeligen Stuhl gestiegen, um die Lücke genau zu vermessen.

Mit dem perfekten Abschluss der Bücherwand an der Decke, wäre es aber nicht getan gewesen. Das hätte erst der erste Teil der Lösung sein können. Der zweite Teil hätte darin bestehen müssen, die leeren Regale mit Büchern zu füllen. Das war logisch und leicht gesagt. Aber es würde eine schöne Stange Geld kosten. Zweimal vier Meter! Davor schreckte Dr. Hohenadl zurück. Einmal hatte er einen Einfall und glaubte, der Gordische Knoten würde sich ganz einfach durchschlagen lassen. Flohmärkte! Er würde eben etliche Flohmärkte abgrasen müssen und für billiges Geld jede Menge Bücher nach Hause schleppen. Er durchstreifte immer wieder einmal Flohmärkte, allerdings ohne was zu kaufen. Aber er kannte sich aus. Der beste Zeitpunkt war, knapp bevor der Flohmarkt dichtmachte, denn dann wurden die Preise noch einmal radikal gesenkt. Die Anbieter wollten das Zeug loswerden und nicht wieder mühsam abtransportieren müssen.

Je mehr Dr. Hohenadl überlegte, desto mehr büßte der Einfall an Attraktivität ein. Kamen Flohmarkt-Bücher wirklich infrage? Er wollte keine abgegriffenen und womöglich zerfledderten Bücher. Daher blieb die Lücke zwischen der Oberseite der Bücherwand und dem Plafond weiterhin leer. Und wenn Charlotte zu Besuch kam, stellte sie sich als Erstes vor diese Wand und schlug die Hände über dem Kopf zusammen.

Ein purer Glücksfall beendete eines Tages diesen Zustand. In der Zeitung stand ein Inserat über die Auflösung eines Möbelladens im vierten Bezirk. Er schien pleite gegangen zu sein, obwohl er einen top modernen Namen hatte: *thebestforyourhome*. Vielleicht hätten die Inhaber das Entziffern vereinfachen und zwischen den einzelnen Wörtern doch Abstände vorsehen sollen.

Der Besuch in der Schleifmühlgasse war ein voller Erfolg. Dr. Hohenadl fand das passende Regal. Nur zwei Zentimeter würden fehlen, um die Lücke ganz auszufüllen. Als Praktiker, für den er sich hielt, dachte er, dass eben eine Art Verfugung nötig sein werde. Er sah sich in dem Laden, in dem wegen der bevorstehenden Schließung ein veritables Durcheinander herrschte, um. Auf dem Boden lag allen Ernstes eine Menge Bücher herum. So achtlos, als wären sie zur Entsorgung vorgesehen gewesen.

Dr. Hohenadl bückte sich und hob eines auf. Was war das? Das war kein echtes Buch. Es war bloß der Einband eines Buchs. Jemand schien den Inhalt entnommen zu haben. Dr. Hohenhadl kannte Vergleichbares aus der Tierwelt. Ein Wesen schlüpft aus seinem Panzer und sucht das Weite. Er hob ein anderes Buch auf. Dasselbe. Auch nur eine leere Hülle. Es stellte sich heraus, dass hier lauter Hüllen herumlagen. Was hatte es damit auf sich? Dr. Hohenadl fragte eine Verkäuferin.

»Nein, nein, den Inhalt hat es nie gegeben. Es sind Attrappen.«

Dr. Hohenadl war irritiert. »Die Dichter haben die Bücher gar nie geschrieben? Vielleicht nicht einmal geplant?« Womöglich bestand ein Großteil der sogenannten Weltliteratur aus Attrappen. Und nur die Kritiker taten so, als würden die Bücher in Wirklichkeit existieren.

»Das weiß ich nicht. Uns kommt es auf die Hüllen an. Wir hätten im Geschäft keine Zeit zum Lesen. Die Hüllen kommen in die Regale, dann sieht es aus wie echt. Und die Käufer können sich etwas vorstellen. Darum geht es.«

Dr. Hohenadl jubelte innerlich. Genau das wollte er! Die Vorstellung war das Wichtigste. Er fing sofort an, sich die Bucheinbände genauer anzusehen, und las auf dem Rücken: »Honoré de Balzac: Die alte Jungfer«. Balzac klang gut. Balzac würde sich in der obersten Reihe seiner Bücherwand gut ausnehmen. Es sah so aus, als würde von dieser Ausgabe noch eine ganze Menge herumliegen. Aber nein! Zu seiner großen Freude fand Dr. Hohenadl heraus: Es waren lauter verschiedene. Balzacs Gesamtwerk in Einzelbänden. Dr. Hohenadl stellte sie zusammen, ließ sich ein Maßband geben und notierte das Ergebnis: ein Meter und zwanzig Zentimeter. Alles Balzac. Außerdem legte er zur Seite: Anna Seghers, Peter Rosegger, John Steinbeck, Ackermann aus Böhmen, Franz Werfel, J. R. R. Tolkien, Paula Preradović. Wer hatte diese Einbände ausgesucht? Wollte jemand den Kanon der abendländischen Literatur zusammenstellen? Dr. Hohenadl ordnete weiter: Hemingway, sechs Bände, Paula Grogger, Graham Greene, Heinz G. Konsalik. Von Letzterem gab es sehr viele Umschläge, die meisten. Dr. Hohenadl schätzte, dass Konsalik das Maß von Balzac bei Weitem übertreffen und vielleicht sogar die Marke von zwei Metern erreichen würde. Aber Konsalik? Dr. Hohenadl zögerte. Er musste wählerisch sein, durfte sich nicht mit allzu Fragwürdigem in seinen Bücherregalen vor Besuchern blamieren. Charlotte würde als Erstes den Konsalik entdecken und die Nase rümpfen. Nein, Konsalik vielleicht doch lieber nicht. Obwohl, Konsalik wäre, nach Metern gemessen, ausgiebig gewesen. Dr. Hohenadl ließ Konsalik beiseite und machte weiter: Thomas Hobbes, Rosamunde Pilcher, acht Bände, Thomas Bernhard, ebenfalls acht Bände, Vulpius, vier Bände, Scholochow.

Die Verkäuferin schaute lächelnd zu, wie Dr. Hohenadl auf dem Boden herumrobbte, und verstand nicht, was er wie ein Kind an den leeren Hüllen so faszinierend fand. Ein wenig sorgte sie sich auch, weil ihr ein Benehmen dieser Art

162

fremd war. Sie machte ihm letztlich einen Schnäppchenpreis, der nicht mehr als den nichtigen Materialwert ausmachte.

Teuer wurde allerdings der Transport der Sachen nach Hause in seine Wohnung am Loquaiplatz. Sie lagerten im Wohnzimmer und Dr. Hohenadl brauchte eine Woche Erholung, bis er sich entschließen konnte, den Sohn der Hausmeisterin zu bitten, die Regale zu montieren. Der beschäftigte Dr. Hohenadl als Gehilfen, zum Zureichen, Anheben, zum Halten und vielem anderen mehr. Dr. Hohenadl geriet durch die ungewohnte Arbeit schnell ins Schwitzen. Aber in zwei Stunden war alles fertig. Am Schluss wies Dr. Hohenadl den Sohn der Hausmeisterin auf den Spalt hin, der prompt zwischen dem Regal und der Decke geblieben war. »Bedeutungslos. Können wir vernachlässigen«, lautete dessen Reaktion. Indem er »wir« gesagt hatte, war Dr. Hohenadl in diese Feststellung einbezogen.

Kaum war der Mann draußen, fing Dr. Hohenadl trotz seiner Erschöpfung sofort an, seine neuen Schätze zunächst auf dem Boden zu ordnen. Die wichtigsten Kriterien waren die literarische Bedeutung und die Farbe des Umschlags. Es vergingen Stunden. Dr. Hohenadl schlief, auf dem Boden liegend, ein, erwachte um drei Uhr morgens, schleppte sich ins Bett und setzte seine Arbeit am nächsten Tag fort.

Zuletzt fand er, dass seine Wohnung erheblich gewonnen hatte. Die Atmosphäre war gegenüber früher deutlich besser. Es war wohnlicher und harmonischer geworden. Dr. Hohenadl verstand nicht, warum er den mangelhaften Zustand von zuvor so lang ertragen hatte, und freute sich schon darauf, seine Cousine Charlotte zu überraschen.

Oft und oft schaute er die Bücherwand hinauf, weil er wissen wollte, ob einem kritischen Blick etwas auffallen würde. Nein, nichts. Die obersten Buchreihen unterschieden sich von allen unteren kein bisschen.

Dann geschah etwas Unerwartetes. Dr. Hohenadl bekam ein schlechtes Gewissen. War es nicht eine Art Betrug, was er hier angestellt hatte? Ja, eine Art Betrug, und zwar weniger gegenüber sich selbst und den Besuchern, die kommen und die Bücherwand bestaunen würden, sondern gegenüber den Dichterinnen und Dichtern, mit deren Bucheinbänden er ein Falschspiel betrieb. Drückte er damit nicht seine Geringschätzung dieser Schriftstellerinnen und Schriftsteller aus? Was war dagegen zu tun? Die echten Bücher zu kaufen? Wenigstens nach und nach? Dr. Hohenadl überschlug im Kopf die Summe und schüttelte heftig den Kopf. Er konnte an nichts anderes mehr denken.

Zwei Tage später fasste er einen Entschluss. Er machte sich auf zu den Wiener Städtischen Büchereien am Urban-Loritz-Platz. Dort forschte er nach Balzac und wurde auch fündig. Er nahm einzelne Bände in die Hand. Sie hatten Gewicht. Mehr als die bloßen Einbände. Mit der Novelle *Das Haus zur ballspielenden Katze* verließ er die Hauptbücherei. Die Lektüre fiel ihm leichter, als er es sich vorgestellt hatte. Die Raffinesse, mit der der Maler Theodore de Sommerville die junge Augustine für sich gewinnt, traute sich Dr. Hohenadl selbst bei Weitem nicht zu. Das Glück, das die beiden dann erleben, kam ihm ein wenig kitschig vor. Aber das war nicht der einzige Grund, warum er das Buch zunächst zur Seite legte. Er ahnte, dass der umfangreiche Rest der Novelle nicht bloß die Beschreibung des weiteren Glücks der beiden sein würde. Schwere Schicksalsschläge waren zu erwarten. Damit wollte sich Dr. Hohenadl vorerst nicht belasten. Besorgt sah er die

Bücherwand hinauf. Bis es ihm gelingen sollte, durch eifrige Lektüre allen in den zwei oberen Reihen versammelten Dichterinnen und Dichtern gerecht zu werden und sein schlechtes Gewissen zu entlasten, dachte er, würde es wohl noch einige Zeit dauern. Währenddessen würde es kaum einen treueren Kunden der Hauptbücherei geben als ihn.

Seine Cousine kam aus St. Pölten angereist. Die Überraschung gelang perfekt. Sie wollte schon zur rituellen Kritik der rudimentären Bücherwand ansetzen, hatte die Hände schon über dem Kopf erhoben, als sie die Veränderung bemerkte. Charlotte übersah großzügig den Spalt ganz oben und gratulierte Dr. Hohenadl überschwänglich. Mit zusammengekniffenen Augen versuchte sie die Buchtitel zu lesen. »Für die nächsten Jahre bist du mit Lektüre ausgelastet.«

»Stimmt, aber einiges kenne ich schon. Zum Beispiel *Das Haus zum ballspielenden Kater* von Balzac. Eine zu Herzen gehende Novelle. Kann ich dir nur empfehlen.«

Dr. Hohenadl
wälzt einen Buchplan

Gabriele Bauernfeind wohnte im zweiten Stock des Hauses am Loquaiplatz. Dr. Hohenadl kannte sie nur flüchtig. Er wusste, welchem Beruf sie nachging. Sie war U-Bahnkontrolleurin bei den Wiener Linien. Dr. Hohenadl selbst hatte sie bereits zweimal in dieser Funktion erlebt. Beide Male in der U6. Beide Male lächelte sie ihn freundlich an und verzichtete auf das Vorweisen des Fahrscheins. Hausbewohner-Vorteil. Sie fiel ihm im Haus auf, weil sie öfters unten im Parterre stand. Dort wartete sie ungeduldig, bis ihr Freund die Stiege herunterkam. Er schien um einiges jünger zu sein als Gabriele Bauernfeind. Dr. Hohenadl malte sich in seiner Fantasie aus, dass der Freund Gabriele schon lang hinterging und oben in der Wohnung, während sie unten im Parterre wartete, mit einer Geliebten telefonierte. Tatsächlich war der Freund nach ein paar Monaten verschwunden und nach einiger Zeit zog Gabriele Bauernfeind aus.

Dr. Hohenadl hätte sie gewiss vergessen, hätte er nicht etliche Wochen später ihr Foto in einem Schaufenster der Buchhandlung Frick am Graben gesehen. Davor lag im Schaufenster ein Buch mit dem Titel *Todesfalle Loquaiplatz*. Auf dem Buch stand ihr Name. Dr. Hohenadl staunte. Niemals wäre es ihm eingefallen, Gabriele Bauernfeind für eine Schriftstellerin zu halten. Dr. Hohenadl betrat den Laden und fand einen kleinen Stapel mit den Büchern

Gabriele Bauernfeinds. Ein Kriminalroman also. Im Klappentext hieß es, es handle sich um einen Regionalkrimi. Davon hatte Dr. Hohenadl schon gehört. Die Leserinnen und Leser liebten es, wenn sie mit dem Schauplatz des jeweiligen Verbrechens vertraut waren und fühlten sich gleichsam als Augenzeugen der Ermittlungen, wenn nicht sogar als Mitwirkende. Die ganze Stadt, aber nicht bloß die Stadt, sondern das ganze Land war aufgeteilt in Gebiete, für die jeweils eine Kriminalschriftstellerin oder ein Kriminalschriftsteller zuständig war. Die Claims waren abgesteckt wie einst jene der Goldgräber im Wilden Westen. Dr. Hohenadl fragte sich, ob eine Zentralstelle existierte, die Lizenzen für die einzelnen Gebiete vergab. Sollte dies der Fall sein, so befürchtete er, würde wohl auch eine jährliche Gebühr fällig sein.

Dr. Hohenadl sah in der Buchhandlung, dass es bereits weitere Romane von Gabriele Bauernfeind gab: *Die Leichen im Kohlenkeller* etwa. Auf der Rückseite des Buchs war zu lesen, dass es um einen »verwaisten Kohlenkeller in der Webgasse« ging. Das Foto von Gabriele Bauernfeind war bestimmt mindestens zehn Jahre alt. Der dritte Kriminalroman hieß *Bermudadreieck Mariahilf*. Also lauter Regionalkrimis. Dr. Hohenadl hatte nicht vor, Geld zu investieren, sondern nahm sich vor, die Bände in der Wiener Hauptbücherei auszuleihen.

Er staunte aufrichtig über Gabriele Bauernfeind. Ein bisschen fürchtete er, er könnte in ihren Büchern als Figur vorkommen. Vielleicht hatte sie das Material für ihre schriftstellerische Arbeit von ihrem verschwundenen Freund bezogen. Dem Aussehen nach konnte der durchaus in den einen oder anderen Kriminalfall verwickelt sein. Vor allem aber gab es Dr. Hohenadl zu denken, dass er Gabriele Bauernfeind völlig unterschätzt hatte. Vermutlich hatte sie ihren Beruf als U-Bahnkontolleurin nur zur Tarnung ausgeübt. Wahrscheinlich aber führte sie inzwischen längst eine glänzende Existenz als »Freischaffende«. Drei Wochen später fiel er vollends ins Grübeln. In der Zeitung las er eine Notiz, wonach Gabriele Bauernfeind den Adam-Konrad-Czartoryski-Preis erhalten habe, dotiert mit vierhundert Euro.

Er, Dr. Hohenadl, hatte schon seit Jahren daran gedacht, ein Buch zu schreiben. Der Wunsch nahm zeitweise an Dringlichkeit zu, ließ dann wieder nach, kam wieder, wurde schwächer. So vergingen die Jahre. Und was tat derweil Gabriele Bauernfeind? Sie setzte sich hin und schrieb einen Roman nach dem anderen. Er empfand das als beschämend.

Kam für ihn ein Regionalkrimi infrage? Vielleicht war gerade jetzt die Chance günstig? Da Gabriele Bauernfeind weggezogen war, musste eigentlich die Lizenz für die Gegend rund um den Loquaiplatz frei geworden sein. Wahrscheinlich tat Eile Not, weil vermutlich schon andere auf den Bezirk spitzten. Womöglich gab es sogar eine Warteliste.

Dr. Hohenadl fing an, über Plots für einen Regionalkrimi nachzudenken. Den Loquaipark hatte Gabiele Bauernfeind als Tatort links liegen gelassen. Dr. Hohenadl sah aber schon eine Leiche im Gebüsch liegen und ließ seiner Fantasie freien Lauf. Später nahm auch das Café Jelinek nebenan als idealer Schauplatz vor seinem geistigen Auge Gestalt an. Eine Kellnerin wurde dort von einem dubiosen Gast derart unter Druck gesetzt, dass sie fahl im Gesicht wurde, ihr das Tablett mit zwei Großen Braunen aus der Hand glitt und sie zu Boden stürzte.

Aber hatte er wirklich Lust, einen Kriminalroman zu schreiben, fragte sich Dr. Hohenadl. Das taten heutzutage viel zu viele. Und die deutschsprachigen Fernsehprogramme waren voll von schlecht gemachten Krimis. Die Mörder kamen in der Wirklichkeit gar nicht dazu, so viele Morde zu begehen, wie von den Ermittlern im Fernsehen in einer Woche aufgeklärt wurden. Was für eine Art Buch käme für ihn denn sonst infrage? Eine Biografie vielleicht? Von wem denn? Vielleicht eine über Ferdinand Loquai, einen Erzeuger von »Rouleaus und Jalousien«. Er hat einst sogar das Kaiserhaus beliefert, was ihn aus der Menge der Rouleaus- und Jalousienhersteller deutlich hervorhob. Ein Buch über ihn ergäbe eine Regionalbiografie, ein völlig neues Genre. Und seinen Name, dachte Dr. Hohenadl, würde man mit der Erfindung dieses Buchtyps stets nennen. Er zog Erkundigungen über Ferdinand Loquai ein und fand nicht die Spur von etwas Anrüchigem.

Einige Zeit wälzte er den Plan für ein Sachbuch über österreichische Gräueltaten. Er nahm sich vor abzuwarten, bis wieder ein spektakulärer Fall publik werden würde. Ein Mann sperrt seine Töchter im Keller ein und missbraucht sie jahrelang. Etwas von dieser Art. Nur musste er dann blitzschnell reagieren, weil auch andere Schriftstellerinnen und Schriftsteller voller Ungeduld auf solche Fälle warteten, um daraus im Handumdrehen Romane oder Theaterstücke zu machen. Es würde auf ein Wettrennen hinauslaufen.

Dr. Hohenadl traute sich aber durchaus zu, etwas echt Literarisches zu schaffen. Etwa indem er auf sich selbst und seine eigenen Erlebnisse von Kindheit an zurückgriff. Das machten ja viele. Aber war in seinem Leben genügend Berichtenswertes vorgekommen? Andere scherten sich auch nicht darum und erzählten aufdringlich von lähmenden Nichtigkeiten.

Man musste von akutem Schreibdrang befallen sein, sonst würde man nie als ein ernst zu nehmender Schriftsteller gelten können. Die sagen in jedem Interview, sie könnten sich das Leben ohne Schreiben gar nicht vorstellen. Ein solcher wollte er sein. Gewöhnliche Menschen stehen morgens auf, gehen zur Toilette. Der echte, vom Schreibdrang besessene Schriftsteller, ignoriert zunächst den Harndrang, verliert keine Zeit, sondern setzt sich sofort an den Schreibtisch und gibt die Notizen in den Computer ein, die er sich nachts in den Schlafpausen handschriftlich unter dem Licht der Nachttischlampe gemacht hat.

Freilich, das wusste Dr. Hohenadl, genügte es nicht, bloß über die Wirklichkeit zu schreiben, es musste eine Wirklichkeit hinter der Wirklichkeit sein. Dann erst würden Kritiker von Literatur reden.

Mehr und mehr fing Dr. Hohenadl an, daran zu glauben, es würde für ein Buch reichen. So ein eigenes Ding in Händen zu halten, mit seinem Namen vorne drauf, stellte er sich als Ausdruck der Glückseligkeit vor. Bald glaubte er, sich um einen geeigneten Verlag kümmern zu müssen. Anbiedern wollte er sich nicht. Haltung zu bewahren, nahm er sich vor. Der Zufall half ihm. Eine kleine Zeitungsanzeige. »Sie suchen einen Verlag, bei dem Sie ein Manuskript einreichen können?«

Dr. Hohenadl war höchst erfreut. Das war die richtige Frage an ihn zur richtigen Zeit. Weiter hieß es: »Der Spatzenegger-Verlag unterstützt Sie bei der Veröffentlichung Ihres Werkes und erfüllt Ihren Traum vom eigenen Buch. Bei uns kann jeder ein Manuskript einreichen und erhält damit die Chance, Autor zu werden. Hier erfahren Sie, wie Sie in unserem Privatverlag erfolgreich Ihr Buch veröffentlichen. Fordern Sie jetzt unverbindlich unsere Gratis-Informationen an!«

An dem Text störte Dr. Hohenadl nur, dass es hieß, jeder könne ein Manuskript einreichen. Dem Verlag war es egal, was er angeboten bekam? Trotz der Bedenken schickte Dr. Hohenadl eine Textprobe von acht Seiten an den Verlag. Mehr hatte er noch nicht. Die Antwort kam prompt. Ja, man habe Interesse. Der Text klinge vielversprechend. Eine Veröffentlichung liege durchaus im Bereich des Möglichen. Freilich müsse man den gesamten Text abwarten. »Unsere Lektoren werden eine sorgfältige Prüfung vornehmen. Eine vorläufige Erfolgsschätzung ist nach eingehender Beratung positiv verlaufen.«

Dr. Hohenadl spürte, wie sein Herz klopfte. Die Verlagssuche war spielend leicht gewesen. Er fühlte den Ansporn, konsequent und mit Fleiß weiterzuschreiben, und verbrachte täglich bis zu acht Stunden vor dem Computer. Freilich musste er sich eingestehen, nicht genug erlebt zu haben, um aus einem großen Repertoire schöpfen zu können. Was konnte er in Kürze noch nachholen? Sich auf riskante Abenteuer einlassen? Fernreisen buchen? Frauenbekanntschaften machen? Das war anstrengend, zeitraubend und teuer. Und würde sich am Ende womöglich überhaupt nicht rechnen. Wenigstens den Zoo besuchen? Letzteres tat er tatsächlich. Die Erfahrung war aber niederschmetternd. Dr. Hohenadl bedauerte die Tiere und fand, dass die einen eigentlich nichts anderes wollten, als in Ruhe gelassen, und die anderen, endlich aus ihrem Gefängnis befreit zu werden. Für sein Manuskript erbrachte der Besuch rein gar nichts. Dr. Hohenadl musste tief in sein Innerstes hinabsteigen, um dort Verschüttetes freizulegen.

Als er achtzig Seiten verfertigt hatte, schickte er sie als »Teilmanuskript« an den Verlag. Wieder kam die Antwort rasch. Ja, man sehe bereits, dass sich ein beachtlicher Roman abzuzeichnen beginne. Schon könne man sich Gedanken über die Einbandgestaltung machen und den Medien erste Hinweise geben, was in absehbarer Zeit auf sie zukommen würde. Rechtzeitig werde man einige Titelvorschläge machen. Das endgültige Manuskript – so die Annahme des Lektorats – werde einen Umfang von rund 240 Seiten haben. »Davon hängt nämlich die Höhe des Zuschusses ab, den wir von Ihnen erwarten müssen, um den Einsatz des Verlags zum Teil abdecken zu können. Der Betrag macht in Ihrem Fall 13 000 Euro aus.«

An dieser Stelle hörte Dr. Hohenadl auf zu lesen. Dass da noch stand, er könne dreißig Gratisexemplare erwarten, bekam er gar nicht mehr mit.

So also agieren die Verlage! Er sollte zahlen?! Und gleich einen Patzen Geld?! Da hörte sich der Spaß für ihn auf. Kein Wunder, wenn immer wieder davon die Rede ist, wie arm die Autoren sind. Die meisten von ihnen sind Hungerleider. Mit mir nicht, sagte sich Dr. Hohenadl. Damit stellte er von einem Moment zum nächsten seine kurze Schriftstellerkarriere ein.

Wie konnte es sich Gabriele Bauernfeind leisten, einen Roman nach dem anderen zu schreiben? Das blieb Dr. Hohenadl ein Rätsel. Was verdiente schon eine Fahrkartenkontrolleurin? Sie muss eine Erbschaft gemacht haben! Oder stammte das Geld aus dunklen Kreisen, in denen ihr dubioser Freund verkehrt hatte?

Dr. Hohenadl kämpft gegen Fehler

Dr. Hohenadl war keineswegs humorlos. So etwa musste er schmunzeln, als er in einer renommierten Zeitung las: »Nach der Todesangst, das kann jeder Verstorbene bestätigen, stellt sich eine große Gelassenheit ein.« Ja, im ersten Moment schmunzelte er. Im zweiten aber nicht mehr. War es für die Zeitung, die voller rigoroser, selbstsicherer Urteile über Menschen und die Verhältnisse war, tragbar, den Abonnenten einen solchen Lapsus zuzumuten? Er saß im Kaffeehaus, als er auf diesen Satz stieß. Obwohl ihm die Zeitung nicht gehörte, machte er, weil er gerade einen Bleistift in der Hand hielt, eine Wellenlinie unter den Satz. Er wollte verhindern, dass andere Leser und Leserinnen den Unfug einfach übersahen. Kurz überlegte er, ob er der Zeitung nicht einen Brief schreiben sollte.

Wenig später kam Dr. Hohenadl in einem Roman ein Wort unter, bei dem er stutze. Hier stand etwas von einem *politischen Einfallspinsel an der Spitze des Staates.* Das war verstörend, denn der Verlag genoss hohes Ansehen und brachte die Werke der besten Autorinnen und Autoren des Landes heraus. Es blieb nicht bei diesem einen Fehler in dem Buch. Dr. Hohenadl fand auf einer der letzten Seiten auch noch den Satz: »Der Mörder trank die Bulle in einem Zug aus.« Er hätte fast drüber hinweggelesen, denn die Szene spielte tatsächlich in einem Zug.

Vielleicht war das ein *Montagsroman*, so wie man bei Autos von einem *Montagsauto* sprach. Nach einem bewegten Wochenende waren die Monteure unaufmerksam, es unterliefen ihnen Fehler, mit denen dann der Käufer des Autos seine liebe Not hatte. Ähnlich mag es beim Lektor oder der Lektorin des Romans gewesen sein. Abgelenkt durch persönliche Sorgen, übersahen sie das eine oder andere orthografische Vergehen.

Diesmal hielt ihn nichts zurück, einen Brief zu schreiben. Aber er formulierte zurückhaltend, kein bisschen auftrumpfend. Das Entschuldigungsschreiben kam prompt. Und dazu ein Gutschein für ein anderes Buch – »einen hoffentlich weitgehend fehlerfreien Roman«, wie es im Brief hieß – aus dem Verlag. Dr. Hohenadl freute sich darüber, einen Gewinn gemacht zu haben, denn das Buch mit den Fehlern stammte aus den Städtischen Büchereien, er hatte dafür nichts bezahlt.

Das beflügelte ihn weiterzumachen. Er konnte gar nicht anders. Auf Plakaten, in Mails, vor allem in Mails, in öffentlichen Verlautbarungen, zu Hauf in den Zeitungen, sogar auf Gedenktafeln und Transparenten stieß er auf haarsträubende Fehler. Gegen die oftmals falsch zu hörende Aussprache eines Wortes oder eines Namens in Radio und Fernsehen ging er erst gar nicht an. Er beschränkte sich auf Schriftliches. Der Computer schien die Schreiberinnen und Schreiber zu Fehlern geradezu einzuladen. So zum Beispiel wurden die einfachsten Wörter wie *auf, schief, oben, mit, seit* und so weiter ohne erfindlichen Grund mitten in einem Satz großgeschrieben. Dr. Hohenadl kam mit dem Korrigieren gar nicht nach. Zumal er ja immer auch die Briefe schreiben musste, um an die Schreiber und Schreiberinnen zu appellieren, sich doch ein wenig mehr am Riemen zu reißen. Er sah sich ganz und gar nicht als Fanatiker, als Nörgler vom Dienst, sondern achtete strikt darauf, sachlich zu bleiben. Auf keinen Fall wollte er mit den gewöhnlichen Sprachpolizisten auf eine Stufe gestellt werden. Er war sogar selbstkritisch genug, sich zu fragen, ob er sich freute, wenn er einen Fehler fand, oder ob es ihn bekümmerte, weil es ja doch ein Verstoß gegen die Kultur war, an der festgehalten werden müsse. Zu Übertreibungen oder scharfen Tönen wollte er sich in seinen Briefen an die verschiedenen Personen und Institutionen, die er bei groben Fehlern ertappt hatte, auf keinen Fall hinreißen lassen. Den Untergang des Abendlands sah er nicht wie andere heraufdämmern.

Die Reaktionen auf seine Interventionen fielen unterschiedlich aus. Manche antworteten gar nicht. Einige bedankten sich höflich und entschuldigten sich. Hie und da gab es auch rüde Zurückweisungen und Beschimpfungen. Werbeagenturen bildeten eine eigene Kategorie. Sie antworteten frech und dümmlich und produzierten in diesen Briefen auch gleich wieder eine Latte von abstrusen neuen Fehlern. Die Sprache unzumutbaren Überdehnungen auszusetzen, schien Bestandteil ihres Gewerbes zu sein. Oberflächliche Englischkenntnisse waren eine Voraussetzung für Werbefritzen, weil sich nur so reichlich unfreiwilliger Humor erzeugen ließ. Dr. Hohenadl setzte sich mit ihnen nicht ernsthaft auseinander, sondern spielerisch.

Dr. Hohenadl kam es mit der Zeit vor, als würde er auf der Stelle treten. Um etwas zu bewirken, musste er an die Wurzeln gehen. Wenn es ihm nicht gelingen würde, die Jugend zu erreichen, blieben alle seine Bemühungen sinnlos. Aber pflegten die jungen Leute in ihren sozialen Netzwerken nicht längst ihre eigene Sprache? In ihren Kurzmitteilungen folgten sie doch ganz neuen Regeln.

Dr. Hohenadl suchte den Kontakt zu einem Deutschlehrer, den er von früher flüchtig kannte. Moritz Mitterwurzer, ein Tiroler mit halbwegs gelungener Integration in Wien – die Röchellaute in seiner Sprache waren nur bei genauem Hinhören zu merken –, war Deutschlehrer am Amerlinggymnasium im sechsten Bezirk.

Die Kommunikation mit ihm fiel Dr. Hohenadl nicht leicht, weil der Mann häufig grinste und dabei in furchterregender Weise die Zähne fletschte. Mitterwurzer war so fortschrittlich, dass seine Schüler auf die eigene Handschrift verzichten durften und alles Schriftliche mit dem PC vor ihrer Nase erledigen konnten. Dr. Hohenadl fragte ihn, welche Erfahrungen er mache, wenn es um das Verfassen ein wenig längerer Texte ging. Mitterwurzer verstand ihn zunächst nicht.

»Fehlerhäufigkeit? Ach was, Fehler. Das ist nicht mehr wie früher. Rechtschreibung, wenn Sie das meinen, ist heutzutage weitgehend Glückssache.«

»Aber ist es nicht so, dass der Computer von sich aus Fehler mit einer roten Wellenlinie markiert?«

»Oh ja, das tut er, aber davon lassen sich Schüler nicht besonders beeindrucken.«

Dr. Hohenadl hatte das vermutet und auch schon nach einem Lösungsvorschlag gesucht. Mitterwurzer war, wie er herausfand, bei Weitem nicht so liberal, wie er tat, sondern sehnte die alten Zeiten zurück, in denen noch Ordnung geherrscht hatte und die Unterscheidung zwischen Falsch und Richtig gültig gewesen war. Mit wachsender Anteilnahme hörte er Dr. Hohenadl zu.

»Die rote Wellenlinie«, klagte Mitterwurzer, »registrieren die Schüler kaum noch als Hinweis auf einen Fehler, sie nehmen sie vielmehr als eine willkommene Verzierung ihres Textes wahr.«

Das gab Dr. Hohenadl zu denken, und das veranlasste ihn bei seinem nächsten Treffen, Mitterwurzer mit einem zugkräftigeren Vorschlag aufzuwarten. »Die rote Wellenlinie ist zu schwach. Das sehe ich ein. Sie kann von mir aus weiterhin als Hinweis auf einen Fehler dienen, aber dazu muss zur Verstärkung ein akustisches Signal kommen, verstehen Sie mich? Man sagt doch nicht von ungefähr: ›die Alarmglocken läuten hören‹. Klingeltöne kennen sie ja durchaus von ihrem Umgang mit dem Handy.«

Mitterwurzer wehrte ab: »Nein, nein, unmöglich. Das nenne ich praxisfremd. Auf jedem Platz an den Tischen würden unentwegt die Alarmglocken läuten. Vom Dauerlärm in der Klasse würden binnen Kurzem alle verrückt werden.«

Dr. Hohenadl gab sich geschlagen, präsentierte aber schon bei ihrer nächsten Zusammenkunft eine weitere Idee. »Ich sehe ein, akustisch lässt sich kaum etwas machen. Das Signal muss über die Fingerspitzen kommen. Jeder Fehler löst einen Stromschlag aus. Keinen besonders starken – man könnte gewiss dosieren, je nach Schwere des Fehlers. Ist vollkommen ungefährlich. Die Kühe fallen ja auch nicht gleich tot um, wenn sie beim Anstreifen an den Weidezaun einen leichten elektrischen Schlag bekommen.«

Mitterwurzer gab es einen Ruck und er versuchte zu verbergen, wie beeindruckt er war. »Darüber ließe sich eventuell nachdenken.«

Dr. Hohenadl war überrascht, was er bei seiner nächsten Zusammenkunft mit Mitterwurzer zu hören bekam.

Der Lehrer klang euphorisch. »Ich habe unsere Idee einer Weidezaunfirma vorgeschlagen und stellen Sie sich vor: Ich bin nicht abgeblitzt. Weidezäune sind ein vielfach unterschätztes Phänomen. Darüber werde ich in meinem Schulunterricht eine Menge zu sagen haben. Das Weidezaunprinzip muss natürlich auf unsere Zwecke hin adaptiert werden. Einen Weidezaun im engeren Sinn brauchen wir ja nicht. Die Spannung beträgt bei einem Weidezaun mindestens 2500 Volt. So viel haben wir nicht nötig. Die Spannung, das wusste ich nicht, wird täglich mit einem Zaunprüfer kontrolliert. Was mich überrascht hat, ist, dass für Tiere kleiner als Kühe, also Ziegen und Schafe, viertausend Volt benötigt werden.«

»Wir müssen aber doch von Schülern ausgehen.«

»Richtig. Also von Wesen vergleichbar mit Ziegen oder Schafen.«

Dr. Hohenadl störte es, dass Mitterwurzer von »unserer Idee« und ständig von »wir« sprach.

»Unsere Idee hat Potential. Das haben die von der Weidezaunfirma sofort erkannt. Aber das Prinzip muss für den Gebrauch in der Schule überarbeitet werden. Das leuchtet ein. Dazu wird einiges an Entwicklungsarbeit nötig sein. Kurzum: Sie wollen einen Kostenbeitrag von sechstausend. Das wären dreitausend für jeden von uns beiden.«

Jetzt klingelten bei Dr. Hohenadl die Alarmglocken. Wenn er für seine Idee, die plötzlich zur Hälfte nun auch zu Mitterwurzers Idee geworden war, bezahlen sollte, war für ihn eine rote Linie überschritten. Genauso sagte er das dem Herrn Lehrer auch. Und der war davon kein bisschen irritiert. »Nun, dann werde ich eben den Gesamtbetrag übernehmen. Die Aussichten, das Geld und noch

viel mehr zurückzubekommen, sind sehr hoch, hat man
mir gesagt.«

Dr. Hohenadl, wurde schlagartig klar, dass er jetzt auch
die andere Hälfte der Idee leichtfertig seinem forschen
Partner überlassen hatte. Das Kapitel Mitterwurzer war damit für ihn zu Ende. Er hatte mit dem Mann nichts mehr
gemein. In der Folge litt er an seiner überschießenden Ener-
gie, Fehler auszubessern. Dafür brauchte er unbedingt ein
neues Betätigungsfeld.

Dr. Hohenadl
bildet sich

Die anderen zwölf Studierenden schienen einander alle zu kennen. Außer Dr. Hohenadl gab es nur noch einen Mann. Der saß in der ersten Reihe, hatte den rechten Arm aufgestützt und die offene Hand hinter dem Ohr platziert. Alle verehrten sie den Kursleiter Nico Sinkowitsch. Das war gewissermaßen sein Künstlername. Nicht ganz, denn »Sinkowitsch« war echt. Nur den Vornamen »Klaus« wollte Sinkowitsch nach seiner Pensionierung, nach vierzig Jahren Beamtendasein im Finanzministerium, ändern und ihm einen etwas ausgefalleneren Anstrich geben und damit andeuten, dass er nun ein anderer sei. Im Unterricht trug er stets einen roten Schal, eine Maßnahme, die ebenfalls dazu dienen sollte, seine Beamten-Vergangenheit vergessen zu machen. Seine Studenten wussten längst, er wäre viel lieber Dirigent, noch lieber Sänger als Beamter geworden. Doch der Vater, selbst Beamter, hatte kein Erbarmen gehabt. Einen guten Teil seines Lebens hatte Sinkowitsch auf dem Stehplatz der Staatsoper verbracht. Seit einigen Jahren leitete er einen Kurs an der Volkshochschule Favoriten. Seine Studenten – fast alle waren silberhaarig – hielten ihm die Treue.

Dr. Hohenadl wäre ja schon sehr gerne im Semester zuvor dabei gewesen, als Wagners *Lohengrin* auf dem Programm stand. *Mein lieber Schwan* hatte der Titel dieses

Kurses gelautet. *Lohengrin* war ihm schon als Kind ein Begriff gewesen. Sein Vater huldigte Wagner, für ihn waren die Opern eine Art Suchtmittel. Dr. Hohenadl verstand als Kind immer *lodengrün*. Der Grund dafür war, dass er und seine beiden Brüder damals von den Eltern immer wieder einheitlich als kleine Jäger oder Förster verkleidet wurden. Die Jacken waren aus Loden und trugen Hirschhornknöpfe. Dazu gab es für Schlechtwetter einen Umhang aus Loden, genannt *Hubertusmantel*. Aufgrund dieser Erfahrung war das Wort *lodengrün* für Dr. Hohenadl etwas Plausibles gewesen.

Im Fach seiner Schulbank entdeckte er einige zusammengeheftete Blätter, die offenbar im *Lohengrin*-Kurs als Lernhilfe gedient hatten. Darauf standen eine Inhaltsangabe, eine Interpretation und eine Abhandlung über Schwäne mit mehreren Abbildungen. Tatsächlich sei die Lehrveranstaltung, wie ihm Frau Binder, seine Sitznachbarin, erzählte, zu sehr ins Zoologische abgedriftet. Alle Arten von Schwänen seien ausführlich erörtert worden, der Trauerschwan, der Höckerschwan, der Trompetenschwan, der Pfeifschwan, der Zwergschwan und der Singschwan. Die Frage, welchen Schwan Wagner als Zugtier für den Ritter Lohengrin gemeint haben könnte, soll breiten Raum eingenommen haben. Es sei schließlich darüber abgestimmt worden. Die meisten hätten für den Singschwan votiert. Frau Binder, die Dr. Hohenadl in die internen Zusammenhänge des Kurses einweihte, erzählte, sie hätte sich über eine Kollegin besonders ärgern müssen, die Breitenbach, die sich dadurch hervorgetan haben soll, die Lehrveranstaltung mit ihrer Schilderung der Zubereitung von Schwanenpastete aus gut abgehangenem Brust- und Beinfleisch mehr als eine halbe Stunde aufzuhalten. Andere Frauen hätten sich von ihr das Rezept geben lassen.

»Die Breitenbach, müssen Sie wissen, gehört zu den Favoritinnen von Nico Sinkowitsch«, vertraute Frau Binder ihrem Sitznachbarn bei einer Tasse Kaffee nach dem Unterricht an. Genau genommen: Frau Binder trank den Kaffee, Dr. Hohenadl hatte nur ein Glas Leitungswasser bestellt. Frau Binder roch. Dr. Hohenadl wusste zunächst nicht, wonach. Doch dann fiel es ihm ein. Eine seiner Großtanten hatte so gerochen. Nicht nur sie, sondern die ganze Wohnung. Nach Patschuli. Sie schwor darauf, nichts anderes als dieser Duft bewahre die Kleider verlässlicher vor Ungeziefer jeglicher Art. Außerdem öffne Patschuli, wie sie sagte, die Tore zum Unbewusstsein, zur Sinnlichkeit und zu den Trieben.

»Die andere Favoritin, müssen Sie wissen, ist die Frau Lautenschlager. Die hält sich für was Besseres, weil ihr toter Mann, wie sie verbreitet, Bibliothekar gewesen sein soll. Das stimmt aber nicht. Er war Straßenbahnchauffeur bei den Wiener Linien. Den ganzen Tag ist er zwischen Schottentor und Pötzleinsdorf hin- und hergefahren. Ein Leben lang. Mit seinen beiden Liebkindern ist der Nico Sinkowitsch in Bayreuth gewesen. Ja, er hat sie zum Dank für ihre außerordentliche Mitarbeit zum *Lohengrin* eingeladen. Muss aber ein Fiasko gewesen sein.«

Dr. Hohenadl fragte nach dem Grund.

»Sie haben ihren *Lohengrin* nicht wiedererkannt. Es waren lauter überlebensgroße Ratten auf der Bühne. Ratten am Anfang, Ratten beim Hochzeitsmarsch, Ratten als Blumenmädchen.«

Dr. Hohenadl dachte nach.

»Die beiden wollten in der Pause flüchten. Der Nico Sinkowitsch konnte sie nur mit Mühe zurückhalten. Sie haben die Symbolik nicht kapiert.«

Dr. Hohenadl wollte jetzt unbedingt die Symbolik herausfinden, weil er sich vor Frau Binder nicht blamieren wollte.

»Na, was wollte der Regisseur damit ausdrücken? Na?«

Dr. Hohenadl tat so, als würde ihn die Frage nicht betreffen.

»Natürlich, dass es sich um Laborratten handelt! Unsere Gesellschaft besteht aus Laborratten! Das ist die Botschaft! In den Kritiken – drei davon habe ich gelesen – wurde das doch des Langen und Breiten erklärt. Dafür haben wir ja die Kritiker, dass sie uns erklären, was mit einer Aufführung gemeint ist. Also brauche ich gar nicht hinzufahren, damit ich die Zusammenhänge verstehe.«

Dr. Hohenadl bewunderte Frau Binder, weil sie sich im Kulturbetrieb derart auskannte, und stimmte ihr zögernd zu.

Ein paar Wochen später legte ihm Frau Binder ihr eigenes Schicksal dar: Sie sei Sängerin gewesen, ihr Mann Korrepetitor. Er habe ihr so lange eingeredet, ihre Stimme sei zu klein, bis sie das Singen aufgegeben hätte. Das sei der Fehler ihres Lebens gewesen. »Durch den Volkshochschulkurs bleibe ich jetzt mit meinem Metier in Verbindung. In die Oper gehe ich nicht. Wer einmal oben auf der Bühne gestanden ist, der will nicht unten im Parkett sitzen.«

Dr. Hohenadl versuchte, sie zu verstehen, und fühlte sich aufgefordert, seinerseits die Gründe, warum er in den Kurs von Sinkowitsch ging, zu erklären. »Ich fühle mich von der Oper als Kunstform angezogen. Den Gesang betrachte ich als die höchste Veredelung der menschlichen

Kommunikation. Unsere Vorfahren in der Ururzeit haben mit einfachsten Schnalzlauten angefangen, sich zu verständigen. So gesehen haben wir es in der Entwicklung über die Jahrtausende hin ja sehr weit gebracht.« Das war ihm spontan eingefallen.

Frau Binder staunte. Seine wahren Beweggründe waren Dr. Hohenadl nur halb bewusst. Er hatte eine einfache Kalkulation aufgestellt, die besagte: Die Kursgebühr macht sich mehrfach bezahlt, weil ich dafür die Unterrichtsstunden und dazu auch noch den Besuch einer Generalprobe in der Volksoper bekomme. Die Volkshochschule würde ihn kaum mehr kosten als ein Premierenticket für den *Othello*.

Als Frau Binder Anstalten machte, die Sitznachbarschaft auszugestalten und eine Einladung zu sich nach Hause in Aussicht stellte, tat Dr. Hohenadl so, als würde er nicht verstehen und beharrte akribisch auf höflicher Distanz. Manchmal reagierte er mit einem Verszitat, wenn sie sich über seine vermeintliche Begriffsstutzigkeit beklagte: »Das tut mir herzlich leid, doch ich versteh' dass Ihr sehr gütig seid.«

Nico Sinkowitsch verteilte ein Manuskript, auf dem über die Herleitung des Librettos von der gleichnamigen Shakespeare-Tragödie und ein wenig über die Aufführungsgeschichte zu lesen war. Viel mehr als in den üblichen Opernführern stand da nicht. Außerdem gab es Anmerkungen zu empfehlenswerten Gesamtaufnahmen. Sinkowitsch spielte einige Ausschnitte vor. Plácido Domingo und die Callas schienen seine Lieblinge zu sein. »Wie schade, dass die beiden auf der Bühne einander nie begegnet sind!«, rief er aus.

Sein Ehrgeiz bestand darin, vor allem selbst zu singen. Er setzte sich an einen Stützflügel und ließ seinen dünnen Tenor hören. Zwischendurch sprang er auf und agierte auch noch. Seine Studenten applaudierten. Darauf bestand Nico Sinkowitsch, und es rührte ihn. Den Schluss der Oper, wenn Othello singend sein Leben aushaucht, liebte er ganz besonders. Er starb auf ergreifende Weise, fast natürlich. Seine begeisterten Zuhörer erzwangen mit nicht enden wollendem Klatschen eine mehrfache Wiederholung.

Die Veranstaltung bekam eine stark pädagogische Note, weil Nico Sinkowitsch sich nicht damit begnügte, Othellos Außenseiterrolle als Schwarzer bloß zu erklären. Seine Studenten sollten auch körperlich erfahren, was es hieße, schwarz zu ein. Sie mussten sich schwarz schminken. Aber nicht etwa alle auf einmal. Nein! Dann wären sie ja unter sich und keine Außenseiter gewesen. Hintereinander mussten sie sich anmalen. Dr. Hohenadl hatte nichts dagegen. Allerdings ärgerte er sich, weil die Anschaffung der Schminke und eines Pinsels zum Auftragen in der Kursankündigung nicht angegeben war. Und eine spezielle Creme zum Entfernen der Farbe würde auch noch nötig sein. Er überlegte schon ein preisgünstigeres Verfahren und machte sich kundig, wann der nächste Rauchfangkehrertermin fällig sein würde. Zum Glück aber war Frau Binder vor ihm an der Reihe. Sie hatte ein ganzes Set gekauft, obwohl doch nur Schwarz vonnöten war. Frau Binder bot ihm prompt an, von der schwarzen Farbe zu nehmen. Sie reiche für fünf Gesichter mindestens, sagte sie. Dass er auch ihren Pinsel verwenden musste, den Pinsel, mit dem sie schon in ihrem eigenen Gesicht herumgefummelt hatte, war ihm unangenehm, doch der Gedanke an die Kosten half ihm, dieses Gefühl zu überwinden. Frau Binder war sogar bereit, ihm eine perfekte Maske aufzumalen. Er wehrte ab, weil er unbedingt einmal selbst diese Erfahrung machen wollte. Die

Schminke roch gut, die Haut spannte ein wenig. Sonst war für Dr. Hohenadl nichts anders als sonst.

Das Experiment von Nico Sinkowitsch war ein Fehlschlag. Denn niemand unter den Kursteilnehmern brauchte sich mit schwarzem Gesicht in irgendeiner Weise diskriminiert zu fühlen. Es kam ja jeder und jede an die Reihe. Sie schminkten sich nach der Stunde ab und waren wieder Weiße. Dr. Hohenadl wollte es anders machen. Der Grund war nur zum Teil die Creme, die er zum Abschminken gebraucht hätte und die Wattepads, die er sich sparen wollte. Frau Binder hätte ihm gewiss ausgeholfen. Er war fest entschlossen, sein schwarzes Gesicht auch in der Öffentlichkeit auszuprobieren. Die anderen rieten ihm davon ab. Besonders Frau Binder. Sie sagte: »Die Wiener sind unberechenbar. Nicht zuletzt die Polizei. Mir wäre die Gefahr, zusammengeschlagen oder gleich eingesperrt oder sogar abgeschoben zu werden, viel zu groß.«

Nur Nico Sinkowitsch lobte Dr. Hohenadl. »Ich versichere Sie, Herr Dr. Hohenadl, Sie werden künftig Othello besser verstehen als die meisten andern«, sagte er.

Dr. Hohenadl fuhr mit der U1, stieg am Stephansplatz in die U3 und verließ die U-Bahn an der Haltestelle Zieglergasse. Wie immer war er als Schwarzfahrer unterwegs. Dieses Mal, fiel ihm ein, traf dies sogar im doppelten Sinn des Worts zu. Was machte ihn mehr zum Außenseiter? Die Tatsache, dass er keine Fahrkarte hatte oder dass er als Schwarzer geschminkt war? Er war gespannt auf die Reaktionen der anderen Fahrgäste. Aber niemand scherte sich um ihn. Dr. Hohenadl war ein wenig enttäuscht. Waren die Wiener schon so abgestumpft? Oder waren sie viel toleranter, als ihnen nachgesagt wurde? Den Gedanken, dass in der U-Bahn womöglich mehrheitlich gar keine Wiener, sondern vor allem Zuwanderer fuhren, fiel seiner rigorosen Selbstzensur im Kopf zum Opfer. Einzig der Mann aus der Nachbarwohnung im Haus am Loquaiplatz stutzte ein wenig, als sie einander im Foyer begegneten. Viel später fiel ihm ein, es mag die beginnende Faschingszeit gewesen sein, weshalb er keinerlei Aufsehen gemacht hatte.

Nico Sinkowitsch fuhr mit seinen Opernausschnitten fort, sprang von einer Szene zur anderen, vor und zurück. Die Titelpartie übernahm er zur Gänze, aber er sprang auch immer wieder für den Jago ein. Als Desdemona ließ er nur die Callas gelten. Er verstand es, seine Studenten auf die bevorstehende Premiere in der Volksoper neugierig zu machen, indem er so tat, als stünde er mit dem Dirigenten und dem Regisseur in engster Verbindung. Die Spannung stieg dann wirklich, als die Neuinszenierung auf Plakaten, die überall in der Stadt zu sehen waren, angekündigt wurde. Darauf konnte man groß das Porträt des Hauptdarstellers und viel kleiner im Hintergrund Jago und Desdemona sehen.

Wie aus heiterem Himmel brach über *Othello* eine heftige öffentliche Diskussion los. Den Anfang machte ein Leserbrief in einer Zeitung. Der Schreiber bezichtigte die Volksoper des Rassismus, denn man müsse es als üble Verunglimpfung betrachten, wenn ein weißer Sänger sich Farbe ins Gesicht schmiere, um einen Schwarzen zu karikieren. Viele andere Leserbriefe folgten. Der Fall weitete sich zu einer Kampagne aus. Der Operndirektor antwortete kleinlaut mit dem Hinweis, dass der Othello früher immer wieder von weißen Tenören gesungen worden sei. Er selbst habe sich bemüht, eine schwarze Besetzung zu finden, es sei ihm aber nicht gelungen.

Selbstverständlich griff die Auseinandersetzung auch auf den Kurs über. Nico Sinkowitsch erwies sich als einer, der es sich mit niemandem verscherzen wollte. Seiner Meinung nach sei eine schwarze Alternativbesetzung auf alle Fälle von Vorteil. Die beiden könnten sich die Zahl der Auftritte teilen. Er ließ abstimmen. Dr. Hohenadl war verwirrt, denn er hatte in frühen Jahren *Othello* gemeinsam mit seinen Eltern in Ulm gesehen. Und da hatte ein Japaner die Titelpartie gesungen. Er enthielt sich der Stimme. Genauso verhielten sich die beiden Favoritinnen von Nico Sinkowitsch, die auch sonst immer seiner Meinung waren. Von den anderen waren fünf dafür und fünf dagegen, dass sich ein Weißer schwarz färben dürfe.

In Dr. Hohenadls Kopf häufte sich eine Fülle von Fragen an. Als erste Maßnahme beschloss er für sich, die Süßspeise *Mohr im Hemd* ein für alle Male zu meiden. Auch wenn sie unter dem Decknamen *Schokohupf* auftauchen sollte. An Nico Sinkowitsch traute er sich nicht zu wenden, Frau Binder hätte gewiss alle Antworten gewusst, doch fürchtete er, von ihr eingeladen zu werden. Und wie leicht sie davon zu überzeugen gewesen war, dass die Einwohner des Fürstentums Brabant, Laborratten sind, machte ihn misstrauisch. Er wollte sich Zeit nehmen, in aller Ruhe nachzudenken. Von den Originalschauplätzen war des Öfteren die Rede. Warum ging man in der Musik weit zurück in die Vergangenheit und kramte die Originalinstrumente hervor? Wie sehe es aus, wollte man auch auf der Bühne zurück zum Original? Vielleicht hatte Wagner an Laborratten gedacht, aber zu wenig Mut gehabt, dies ins Textbuch zu schreiben. Vieles, überlegte Dr. Hohenadl, werde sich auf der Opernbühne ändern müssen, um künftig Verunglimpfungen, bewussten oder unbewussten, aus dem Weg zu gehen. Nicht nur im Fall des *Lohengrin* und des *Othello*. Ein Chinese für den Prinzen Sou-Chong im *Land des Lächelns* würde sich wohl finden lassen. Nur Roma-Frauen würden als Carmen infrage kommen und nur Äthiopierinnen, möglichst äthiopische Prinzessinnen, als Aida. Aber wo würde man die originalen Eunuchen hernehmen, die in der Oper *Die Italienerin in Algier* vorgesehen sind? Kaum zu lösen. Außer ein Regisseur entdeckt, dass sie in Wirklichkeit Kamele sind.

Verärgert war Dr. Hohenadl, als sich herausstellte, dass für den Besuch der Generalprobe zum *Othello* extra zehn Euro zu bezahlen gewesen wären. Daher verzichtete er darauf unter Protest. Zumal er in seinem Kopf mit der Klärung all seiner Fragen zu Gegenwart und Zukunft der Oper noch lang nicht am Ende war.

Dr. Hohenadl
entkommt dem Spenden

Dr. Hohenadl war noch nie einer Einladung zu einem Maturatreffen in Feldkirch gefolgt. Warum eigentlich nicht? Die Frage schob er beiseite. Diesmal aber stellte er sich ihr. Nun ja, die Mitschüler von einst würden mit ihrer Karriere prahlen. Jeder würde den anderen mit seiner Lebensleistung zu übertrumpfen trachten. Dem wollte er aus dem Weg gehen. Auch war er nicht neugierig auf Fotos von Ehefrauen und herzallerliebsten Kinderchen.

Aber war er nicht bloß zu feige hinzufahren? Oder schreckte er vor allem vor den Kosten zurück? Feigheit wollte er sich nicht nachsagen lassen. Und die Kosten? Die Kosten waren freilich ein gewichtiges Argument, das Maturatreffen auf sich zu nehmen. Die anderen würden womöglich, nur um zu zeigen, wie gut sie sich situiert hätten, mit Geld um sich werfen. Dr. Hohenadl nahm sich vor, die Kosten eisern zu planen und sich zu keinerlei Eskapaden hinreißen zu lassen.

Es war keine gewöhnliche Schule gewesen, die Dr. Hohenadl absolviert hatte, sondern eine Schule weit weg von zu Hause, eine Schule mit Internatsbetrieb. Darüber hinaus hatte sie noch ein gravierendes Merkmal: Den Absolventen stand nach dem Abschluss frei zu werden, was sie wollten. Unterschwellig aber wurde erwartet, sie würden eine geistliche Laufbahn einschlagen. Manche taten es, andere nicht. Jedem, der dieser Erwartung nicht entsprach, wurde diese Abweichung unausgesprochen sehr übelgenommen. Er musste mit dem permanenten Makel weiterleben, nicht entsprochen zu haben.

Vielleicht war das der Hauptgrund, warum Dr. Hohenadl die Maturatreffen scheute. Er wollte nicht mit der Nase auf eine Art persönlichen Versagens gestoßen werden.

Es war aber auch jene Schule, die zumindest ein Jahr der berühmte Arthur Conan Doyle besucht hatte. Das war für Dr. Hohenadl ein fortwährender Trost gewesen. Die Schule war nicht imstande gewesen, Arthur Conan Doyle so katholisch zu lehren, dass er später nicht doch Agnostiker geworden wäre.

Vor etlichen Jahren ist Dr. Hohenadl in der Kirche St. Ulrich von einem Mann angesprochen worden, der sich als Absolvent der Schule in Feldkirch vorstellte. Er gehörte zu einem Jahrgang über Dr. Hohenadl und war tatsächlich Priester geworden. Hatte aber, wie er selbst sagte, »nicht durchgehalten«. Jetzt arbeite er als Gärtner und fände das Kränzebinden recht befriedigend. Er sei verheiratet und Vater von drei Kindern. Dr. Hohenadl merkte, dass mit dem etwas nicht stimmte. Warum drückte er sich in der leeren Kirche herum? Der Grund sei, antwortete ihm der Mann, er vermisse den Geruch so sehr. Dr. Hohenadl bedauerte ihn ausdrücklich und überlegte für sich ganz praktisch, wie dem Mann geholfen werden könnte. Mit einem speziellen Spray vielleicht? Vermutlich war es aber nicht der Geruch allein. Wohl auch der matte Glanz der vergoldeten Heiligenfiguren und die Zwielichtigkeit des Raums.

Dr. Hohenadl machte einen genauen Plan. Übernachten wollte er in Feldkirch auf keinen Fall, sondern noch in der

Nacht nach Wien zurückfahren. Die Kosten für die Zugfahrt waren erschreckend hoch. Wie konnten sie gedrückt werden? Dr. Hohenadl nahm sich vor, die Fahrkarten sowohl für die Hin- als auch für die Rückfahrt nicht für die ganze Strecke zu lösen, sondern wenigstens einige Stationen »gratis« zu fahren. Belegte Brote bereitete Dr. Hohenadl für die Reise vor, und er legte fest, zu welcher Zeit er sie auf der Fahrt würde essen dürfen. In der Einladung war von einem Dinner im Hotel Löwen die Rede. Davor wollte er sich unbedingt drücken, um das Geld dafür zu sparen. Einige Zeit brauchte er, um sich eine Begründung für seine frühzeitige Rückreise auszudenken. Alle anderen, dachte er, würden sicher im teuren Hotel Löwen übernachten. Eine Besichtigung der ehemaligen Schule, die inzwischen zum Landeskonservatorium geworden war, stand auch auf dem Programm.

Die ganze Fahrt über war er ein bisschen nervös. Er überlegte sich Antworten auf Fragen, die darauf abzielten herauszubekommen, was er tat, wie weit er es gebracht hatte. Das ließ sich nicht so einfach erklären. Allzu leicht käme der Fragende zum Resultat: Aha, ein Nichtstuer, der von einer Erbschaft lebt. Das wäre völlig falsch gewesen. Es mussten kurze, leicht zu verstehende Antworten sein.

Die Hinfahrt verlief problemlos. In Imst aß er das letzte für diese Strecke bestimmte Brot mit Extrawurst und dazu einen Apfel. Bis St. Anton besaß er einen gültigen Fahrschein. Vo da an stellte er sich schlafend, beobachtete in Wirklichkeit aber mit geschärfter Aufmerksamkeit, ob sich ein Schaffner näherte. Für diesen Fall hatte er vor, auf das WC auszuweichen. Alles ging glatt.

Seine Schulfreunde saßen bereits im Hotel Löwen zusammen. Es brach ein Hallo aus, als Dr. Hohenadl den Raum betrat. Händeschütteln, Schulterklopfen. Dr. Hohenadl erkannte kaum einen wieder, ließ sich aber nichts anmerken. Alle hatten schon die Heilige Messe besucht, die extra für sie zelebriert worden war. Auch zum alten Schulgebäude waren sie gegangen. Achtzehn waren sie an der Zahl, nur ein paar, drei oder vier, waren nicht gekommen. Gerade wurde mit den einzelnen persönlichen Berichten angefangen und Fragen gestellt.

Dr. Hohenadl sah, dass den Vorsitz Ignaz Rechberger aus dem Innviertel innehatte. Er war auch nur an der charakteristisch hohen Stimme wiederzuerkennen. Früher ein schmächtiges Bürschchen, saß nun ein rundlicher Wicht da, rosa glänzend mit zugekniffenen Augen und einem weißen steifen Kragen unter dem Kinn. Außer ihm waren noch sechs andere Priester geworden.

Dr. Hohenadl erschrak, als ihn eine Kellnerin nach seinem Getränkewunsch fragte. Mit einer Ausgabe für ein Getränk an dieser Stelle hatte er nicht gerechnet. Zum Glück war in seiner Kalkulation vorsorglich ein kleiner Posten für »Überraschungen« vorgesehen.

Es stellte sich heraus, dass nur sechs die Laufbahn eines Geistlichen eingeschlagen hatten, davon waren vier gewöhliche Seelsorger, einer wollte demnächst zum Weihbischof aufsteigen und ein weiterer nannte sich *Pneumotologe*, war aber nicht etwa ein Lungenfacharzt, sondern ein Experte für den Heiligen Geist.

Dr. Hohenadl hörte sich Berichte über Beförderungen an, über Familiengründungen, Hausbau, Auslandssemester, Preise und Ordensverleihungen. Besondere Aufmerksamkeit bekam ein Rollstuhlfahrer, der nach einem schweren Autounfall seine Berufslaufbahn fortsetzte und sogar noch zum Ausnahmesportler avanciert war. Das verdiente Applaus. Dr. Hohenadl interessierte besonders ein Mitschüler, Andreas Wallenstein, der immer als völlig unmusisch gegolten hatte, jetzt aber, wie er berichtete, in Wien sein eigenes privates Opernunternehmen leitete. Er sei Direktor, Dirigent, Regisseur und Ausstatter in einer Person. Nur für die Abendkasse brauche er eine Hilfe. Sein besonderer Stil bestehe darin, dass er sich die Kostüme von Altkleidersammlungen besorge. Ganz bewusst »armes Theater« sozusagen. Als Zeichen gegen die Verschwendungssucht der Staatsbühnen. Gerade habe er *Xerxes* von Gluck in der Mangel.

Nach Andreas Wallenstein wurde Pause gemacht, weil das Essen serviert werden sollte. Dr. Hohenadl konnte es noch rechtzeitig regeln, dass er nicht mehr wolle als eine klare Suppe. Alle anderen tafelten durchwegs hemmungslos. Die Farbe des Vorsitzenden changierte von zartem Rosa in besorgniserregendes tiefes Rot.

Nach dem Abservieren kam Dr. Hohenadl an die Reihe. Mit seinem Doktortitel – wenn auch nur der Rechte – war er davor geschützt, als Totalversager zu gelten. Er nannte sich einen Berater in Fragen der Einsparung. Der Magistrat nehme seine Dienste recht gern in Anspruch. Der Wahrheitsbeweis war gegeben, denn Dr. Hohenadl schickte immer wieder Briefe mit Ratschlägen an die verschiedenen Magistratsabteilungen. Das klang glaubwürdig und machte durchaus Eindruck. Dr. Hohenadl glaubte, nachlegen zu müssen: Verantwortung trage er aber auch in der Immobiliensparte, und zwar in leitender Position. Dr. Hohenadl bezog sich darauf, dass er einst von der Hausgemeinschaft die Verantwortung für die Leiter im Dachboden übertragen bekommen hatte. Dr. Hohenadl bekam Applaus und nützte diesen Moment für die Erklärung, er müsse aus beruflichen Gründen leider sehr rasch nach Wien zurückkehren. »Ein wichtiger Termin in Hausangelegenheiten.«

Das wurde bedauert. Der Vorsitzende kam, bevor der gemütliche Teil beginnen sollte, noch zu einem wichtigen Punkt: Er rief zu einer Spende für eine Missionsstation in Maiduguri in Nigeria auf. Er persönlich werde mit einem kleinen Korb »die Scheine« einsammeln. Dr. Hohenadl fühlte sich wie vom Blitz getroffen. Spende, Scheine. Guter Rat war jetzt teuer. Er hatte die Wahl zwischen finanziellem Ruin einerseits und nachhaltiger Blamage andrerseits. Dr. Hohenadl meldete sich zu Wort, ohne zu wissen, was er gleich sagen würde. Der Vorsitzende Rechberger nickte ihm zu. »Bevor wir einen großen Fehler machen … Wir sollten gewarnt sein. Die Missionsstation in Maiduguri ist in Gefahr. Was heißt in Gefahr, Maiduguri ist überrannt. Die Boko Haram, wie wir wissen, Radikale, die vor keiner Grausamkeit zurückschrecken, haben Maiduguri auf dem Gewissen. Ich kann nur dringend abraten. Unser Geld fiele in die Hände der Terrororganisation Boko Haram. Was würden sie damit tun? Natürlich neue Waffen kaufen, um unsere christlichen Brüder und Schwestern zu massakrieren.«

Aufgeregtes stimmliches Durcheinander entstand. Über die Gefährlichkeit der Boko Haram schienen alle Bescheid zuwissen. Dr. Hohenadl sagte noch, dass er sich nun beeilen müsse, um den Nachtzug nach Wien noch zu erreichen, verabschiedete sich pauschal und strebte ins Freie.

Erst nachdem der Zug den Arlberg hinter sich gebracht hatte, legte sich Dr. Hohenadls Aufregung einigermaßen. Er aß das erste Brot, das er für die Rückreise eingeteilt hatte.

Nach langem Stieren hinaus in die Finsternis musste er eingeschlafen sein. Er wachte erst wieder auf, als es dämmerte und auf der linken Seite die Konturen des Klosters Melk sichtbar wurden. Hier galt sein Fahrschein bereits nicht mehr. Der hatte schon ab Linz keine Gültigkeit mehr. Dr. Hohenadl stand auf und kontrollierte alle seine Taschen, um zu überprüfen, ob er im Schlaf nicht etwa bestohlen worden war. Aus der Jackentasche zog er einen Brief, der noch ungeöffnet war. Er musste ihn schon vor ein paar Tagen bekommen haben. Das Schreiben war vom Rauchfangkehrermeister Rudolf Tomicic. Er kündigte sein Kommen für Freitag, den 15. September, um zehn Uhr an und bat Dr. Hohenadl, die Leiter für den Ausstieg aus der Dachluke bereitzuhalten.

Dr. Hohenadl sah auf die Uhr. Er würde also gerade noch pünktlich zurechtkommen, um den Rauchfangkehrermeister Rudolf Tomicic nicht zu enttäuschen. Glück gehabt. Dann fiel ihm auf, dass es gestimmt hatte, was er den Schulfreunden als Ausrede erzählt hatte: Wegen eines wichtigen Termins in Hausangelegenheiten müsse er zurück nach Wien. Dr. Hohenadl atmete tief durch. Wenn das so ist, dachte er, dann stimmt ja vielleicht auch die Geschichte von der Boko Haram in Maiduguri. Und die Spende, die Scheine, wären womöglich tatsächlich in falsche Hände geraten.

Weil gerade ein Schaffner den Waggon betrat, merkte er, wie dringend er auf die Toilette musste.

Dr. Hohenadl
passt auf Fische auf

Dr. Hohenadls ältester Bruder nahm nicht etwa ein Taxi, um mit Dörte, seiner Frau, zum Flughafen zu fahren, sondern den Personenzug vom neuen Hauptbahnhof. Und er scheute auch nicht die Umständlichkeit, auf einem Umweg vorher bei Dr. Hohenadl vorbeizukommen, um ihm den Haustorschlüssel zu bringen. Es war alles sehr schnell gekommen. Erst eine halbe Stunde zuvor hatte er Dr. Hohenadl angerufen und gebeten, in der Zeit ihrer Abwesenheit auf das Haus aufzupassen. Die beiden mussten nach Hamburg, wo Dörtes Vater überraschend gestorben war. Darauf hatten die beiden lang gewartet, weil damit ein beträchtliches Erbe in Aussicht stand. Auf diese Hoffnung hatte sich die Ehe zu einem guten Teil von Anfang an gestützt. Allerdings war stets klar, dass Dörte nicht die einzig Begünstigte sein würde, denn da war noch ein Bruder, ein Problemfall, alkoholabhängig und mehr auf Entzug als auf freiem Fuß unterwegs.

»Wir sind sehr in Eile«, sagte der ältere Bruder. »Dörte wartet unten. Unsere Haushälterin liegt im Krankenhaus, im AKH. Sie wird operiert. Vielleicht besuchst du sie einmal. Kaum haben wir sie eingestellt, schon liegt sie im Krankenhaus. Du weißt, Frau Gruberova. Ich bin nicht sicher, ob wir sie behalten werden.«

Dr. Hohenadl wusste es auch nicht. Jetzt erfuhr er es und konnte sich den Zusammenhang auch denken: Mit der

Hoffnung auf das Erbe kann man sich auch eine Haushälterin leisten. Aber weil sie kränklich zu sein schien, würde das für sie vielleicht keine Dauerstelle werden.

»Die Pflanzen sind zu gießen, und natürlich muss das Aquarium betreut werden. Binnen einer Woche sollte in Hamburg alles abgewickelt sein.« Er drückte Dr. Hohenadl die Schlüssel in die Hand und war schon aus der Tür. Sein ältester Bruder war sehr effizient im Abwickeln.

Erst nach einiger Zeit wurde Dr. Hohenadl bewusst, wie schwach und unvollständig die Angaben waren, die er von seinem Bruder bekommen hatte. Blumengießen. Ja, klar. Aber sein Bruder erwähnte auch ein Aquarium. Davon war einige Wochen zuvor einmal die Rede gewesen. Aber nur nebenbei. Dr. Hohenadl war daran nichts Besonderes aufgefallen. Als er nun auf dem Weg zur Wohnung seines Bruders in der Armbrustergasse war, stellte er sich eine Goldfisch-Bowle vor, die irgendwo auf einem Nebentisch stehen würde. Goldfische waren ihm immer gleichgültig gewesen. Er erinnerte sich daran, manchmal in Gärten mit einem Fischteich gewesen zu sein. Im trüben Wasser schwammen die Goldfische, manche blasser als die anderen, manchmal einer mit dem Bauch nach oben – und das nicht aus akrobatischen Gründen. Dr. Hohenadl konnte sich auch nicht vorstellen, woher plötzlich die Vorliebe seines Bruders für diese belanglosen Tiere gekommen sein mochte. Ein Satz seines Bruders fiel ihm ein: »Man sitzt davor, schaut ihnen zu, und das Bild ist viel lebendiger als jeder Bildschirmschoner, ja ansprechender als die meisten Fernsehprogramme.«

Dr. Hohenadl roch beim Betreten der Wohnung das Parfum von Dörte. Die Werbung bot es vermutlich mit dem

Zusatz *frühlingsfrisch* an. Es schien aber auch eine altjüngferliche Komponente mitzuwirken. Dr. Hohenadl musste daran denken, dass er noch nie allein in dieser Wohnung gewesen war. Nun hätte er einmal in Ruhe die Bücherwand im Wohnzimmer betrachten können. Sie reichte bis an die Decke. Um von ganz oben ein Buch herunterholen zu können, hätte einem einer die Räuberleiter machen müssen. Dr. Hohenadl dachte, er selbst würde niemals jemandem seine Schlüssel überlassen. Aber natürlich, die Fische erzwangen für seinen Bruder diese Maßnahme.

Dr. Hohenadl kam aus dem Staunen nicht heraus, als er sah, dass es sich nicht um eine Goldfisch-Bowleschüssel handelte. In einer Ecke stand neben einer Kommode ein ausgewachsenes Aquarium, dessen hässlicher Unterbau aus künstlich gealtertem Holz – oder war es Plastik? – offenbar dazugehörte. Dr. Hohenadl verlor von jetzt auf gleich seine Gelassenheit. Wie sollte er dieses Fischbecken beaufsichtigen? Konnte den Tieren nicht jeden Augenblick etwas zustoßen? Und ihn würde die ganze Verantwortung treffen. Was musste er als Erstes tun?

Das Wasserbecken war voller Grünzeug, und es brannte Licht. Hatte sein Bruder vergessen, es auszuschalten? Fische sah Dr. Hohenadl keine. Das beruhigte ihn. Vielleicht war sein Bruder so klug gewesen, die Tiere während seiner Abwesenheit in eine Pension zu geben. So wie es für Hunde und für Katzen spezielle Heime gab, würde es wohl auch eine Art Fischheim geben.

Die Erleichterung wich sofort, Dr. Hohenadl hielt den Atem an, als er aus dem Schilf einen Fisch auftauchen sah, der in seine Richtung schwamm und den Rüssel – oder sagte man Schnauze? – ans Glas drückte. Sollte das eine Art

Begrüßung sein? Bettelte das Tier um Freilassung oder um Futter? Ein Zweiter kam herangeschwommen und ein Dritter. Goldfische waren das nicht. Goldfische waren doch, wie sich Dr. Hohenadl deutlich zu erinnern glaubte, kleine, platte Wesen mit wenig körperlicher Substanz. Diese hier aber waren groß und grau, und sie hatten eine gedrungene Form. Zierfische hätte man sie beim besten Willen nicht nennen können. Aus Schönheitsgründen hielt sich wohl kein Mensch solche Fische.

Dr. Hohenadl wich zurück, er fühlte sich von den Fischen bedroht und verstand nicht, wie sein Bruder in ihren Bewegungen etwas Beruhigendes, angenehm Entspannendes sehen konnte. Er spürte genau, dass sie ihn wahrnahmen, dass eine Aufforderung in ihrem Benehmen lag. Eine Aufforderung wozu? Sie sahen nicht ausgehungert aus, aber vermutlich waren sie Vielfraße. Also mussten sie gefüttert werden. Dr. Hohenadl suchte in dem Unterbau, auf dem das Aquarium stand. Nichts. Wo konnte das Fischfutter sein? Dr. Hohenadl machte in der Küche alle Laden und Schränke auf. Da war nichts, was nach Fischfutter aussah. Er fragte sich, wie sein Bruder die Tiere ernährte. Er kannte seinen Bruder als übertrieben sparsam. Aber das konnte doch nicht heißen, dass er die Fische mit einer Hungerkur traktierte. Es musste sofort etwas geschehen. Dr. Hohenadl wandte sich vom Aquarium ab. Jetzt half nur scharfes Nachdenken. Er legte sich auf die Chaiselongue, die sein Bruder von Vater geerbt hatte. Auf dieser Liege hatte Vater immer philosophiert und die besten Einfälle gehabt. Darauf liegend, hatte er den Denkprozess derart perfektioniert, dass er ihn bis zum völligen Stillstand bringen konnte. Dr. Hohenadl hoffte, die Liege würde noch über so viel Aura verfügen, um ihm einen Ausweg aus seiner misslichen Lage zu weisen.

Er wusste über Fische so gut wie gar nichts. Nie war ihm ein Buch untergekommen, in dem Fische eine besondere Rolle gespielt hätten. Von *Moby Dick*, dem *Weißen Hai* und Hemingways extra großem *Marlin* abgesehen. Aber das waren Sonderfälle. Über Hauskatzen und Haushunde existierten Hunderte Bücher. Hausfische aber schienen die Literaten nicht zu interessieren. Das Telefon seines Bruders war tot. Er probierte es x-mal.

Dr. Hohenadl sprang auf. Er musste die Gruberova fragen. Wenn sie auch bald nach Dienstantritt krank geworden war, bestimmt kannte sie sich mit den Fischen aus. Sofort brach er zum AKH auf, auf einem Umweg, denn er wollte noch Blumen besorgen. Zuvor sah er sich ein weiteres Mal das Aquarium an und erschrak. Denn nun waren es nicht bloß drei graue Fische, sondern mehr. Er brauchte lang, bis er sie durchgezählt hatte. Sechs Stück waren es. Alle hatten sie nichts Zierliches an sich, alle, so hatte er das Gefühl, sahen ihn vorwurfsvoll durch die Glasscheibe an.

»Gruberova?«, fragte der Mann am Schalter. »Wir haben drei: Branka Gruberova, Innere Medizin II, Livia Gruberova, Onkologie, und Katrin Gruberova-Sukler, ein akuter Fall, so viel ich sehe. Dr. Hohenadl wusste den Vornamen nicht. Auf gut Glück tippte er auf Branka Gruberova und er bekam die Angabe der Station samt Wegbeschreibung. Innere Medizin, dachte Dr. Hohenadl, ein weites Feld. Es wurde ihm gestattet, einen kurzen Blick ins Zimmer zu werfen. Die Patientin sei nicht ansprechbar. Er müsse sofort wieder gehen. Von der Gruberova sah er, den Ginsterzweig in der Hand, nur die Stirnpartie und das Kinn. Die Schwester wich nicht von seiner Seite und forderte ihn sofort zum Verlassen des Zimmers auf.

Dr. Hohenadl musste von Neuem überlegen. Es fiel ihm nur so viel ein, dass er so schnell wie möglich in eine Fischhandlung gehen müsse, um sich beraten zu lassen. Den ersten Passanten, dem er auf der Straße begegnete, fragte er nach einem Fischgeschäft. Er wurde nicht verstanden. Auch für die nächsten drei schien Deutsch nicht die Muttersprache zu sein. Dann riet ihm eine Frau mit großer Überzeugungskraft: »Am Sonnbergplatz.«

Dr. Hohenadl suchte den Laden am Sonnbergplatz, merkte aber bald, nachdem er ihn betreten hatte, dass die Menschen hier Fische kauften, um sie zu Hause aufzuessen. Es wurde ihm klar: Er musste nach einem Geschäft für Aquarien fragen. Das Wort *Aquaristik* fiel ihm ein. Es klang wie der Name eines ausgefallenen Studienfachs an der Universität, so ähnlich wie *Slawistik* oder *Arabistik*. Ja, er musste sich auf die Aquaristik konzentrieren. Und er musste sich eingestehen, nicht das Geringste davon zu verstehen. Diese Bassins voller Fische in Restaurants oder, noch schlimmer, voller Kopffüßer, hatten ihm als Kind Angst eingejagt. Wo hatten die Aquaristiker in Wien ihre Anlaufstelle? Dr. Hohenadl sprach auf der Straße einen bärtigen Mann in den besten Jahren an und hatte schon damit gerechnet, keine brauchbare Antwort zu kriegen, als der sagte: »Liechtensteinstraße 14.« Vermutlich war das zufällig ein eingefleischter Aquaristiker. Oder es gab in Wien mehr Aquaristiker, als Dr. Hohenadl es sich vorstellen konnte.

Das Geschäft hatte gerade geschlossen. Es war kurz nach 18 Uhr. Dr. Hohenadl verbrachte eine unruhige Nacht. Würden die Fische überleben? In seiner Vorstellung sah er, wie sie sich aus Verzweiflung in kannibalischer Absicht gegenseitig anfielen. Er stand am nächsten Tag schon an der Tür, als das Geschäft in der Liechtensteinstraße um neun Uhr aufschloss. Die Verkäuferin, die ihn nach seinen Wünschen fragte, hatte eine gewisse Ähnlichkeit mit seiner Mutter. Es lag an ihrem Blick. Der konnte im Nu von Güte auf Strenge umschalten.

Dr. Hohenadl hatte sich nicht völlig im Griff und war daher nicht fähig, sich deutlich auszudrücken.

»Sie interessieren sich für Aquarien?«, fragte die mütterlich aussehende Verkäuferin.

»Ja, genau, Aquarien.«

Sie wollte ihm schon verschiedene Modelle zeigen, aber Dr. Hohenadl wehrte ab, denn um Aquarien im engeren Sinn ging es ihm ja nicht. »Eigentlich wollte ich mich nach Fischen erkundigen.«

»Kein Problem. Wir haben eine große Auswahl.«

»Um präzise zu sein: Ich möchte wissen, was sie fressen.«

Das war der Moment, als der Blick der mutterähnlichen Verkäuferin von Güte auf Strenge umschaltete. »Am besten können wir auf unsere Kunden eingehen, wenn sie mit konkreten Wünschen kommen. Die Fischnahrung ist sehr unterschiedlich. Es kommt auf die Art der Fische an.«

»Nun, sie sind ziemlich groß und grau.«

»Sie wissen ihren Namen nicht?«

Für einen kurzen Moment dachte Dr. Hohenadl, sein Bruder könnte jedem der Fische einen Namen gegeben haben, so wie Hunde und Katzen oft ganz individuelle Namen haben. Doch sofort besann er sich und spielte jetzt den Hilflosen, der an den Schutz- und Mutterinstinkt der Frau appellierte. »Ich bin ein blutiger Anfänger und will lernen. Mein Interesse ist vorerst grundsätzlicher Art, doch deshalb nicht weniger intensiv.«

Der Blick schaltete prompt wieder zurück auf Güte. »Ihre Lieblingsfische sind also grau und groß. Das ist ungewöhnlich. Die meisten Kunden verlangen nach bunten, exotischen Exemplaren. Wir haben gerade sehr schöne siamesische Kampffische hereinbekommen.« Sie zeigte auf ein Aquarium mit blauen und roten Fischen, die wie auffällig gefiederte, schwimmende Hähne aussahen.

»Nein, vielen Dank. Ich möchte mich vor allem nach dem Futter erkundigen.«

»Seltsam. Denn die meisten Kunden fragen zuerst nach den Fischen und dann erst nach dem Futter. Wir haben alle Arten von Futter ...«

»Verzeihen Sie, bitte. Ich hätte mich besser vorbereiten sollen. Ich komme wieder.«

Die Verkäuferin entließ ihn mit einem Konvolut von Prospekten und Foldern. Dr. Hohenadl dachte an ein Studium der Aquaristik an der Universität für Veterinärmedizin. Bis zum Abschluss wären die Fische seines Bruders freilich zehnmal verhungert.

Zu Hause suchte er nach seiner Kamera, die er schon jahrelang nicht mehr benutzt hatte. Dann fuhr er in die Armbrustergasse. Mit Bangen betrat er das Haus seines Bruders. Zumindest zwei Fische schienen noch am Leben zu sein. Und die anderen? Er setzte sich ans Aquarium und wartete. Vorsichtig klopfte er ans Glas. Nach und nach tauchten die Fische auf, verschwanden aber auch gleich wieder. Wie sollte sie da einer zählen? Dr. Hohenadl fielen Verschiedenheiten auf. Bei einigen schienen die Flossen ins Rötliche zu changieren. Er machte Fotos. Die Fische bewegten sich langsam. Langsamer als am Tag zuvor. Sie schienen schon sehr geschwächt zu sein. Dr. Hohenadl fotografierte weiter. Fünf schienen ihm mehr als genug zu sein. Ein wenig verschwommen waren die Resultate, aber für jemanden, der mit Fischen auf du und du war, gewiss hinreichend.

Er wollte sogleich zurück in die Liechtensteingasse, drehte an der Tür aber noch einmal um. Es ging nicht an, dachte er, dass er vor der Frau mit dem mütterlichen Blick noch einmal derart unbeleckt dastehen sollte. Deshalb nahm er sich die Prospekte vor und legte sich auf die Chaiselongue. Unter den vielen abgebildeten Fischen fand er keinen, der jenen im Aquarium seines Bruders ähnlichsah. Es musste sich also um eine sehr ausgefallene Art handeln. Und aus diesem Grund waren die Tiere vermutlich äußerst wertvoll. Vor allem wollte Dr. Hohenadl wissen, wovon sich die Fische ernährten. Mit Staunen las er, wie vielfältig das Nahrungsangebot war. Er las von Flockenfutter und von Trockenfutter. Sehr viel stand da über Lebendfutter. Mückenlarven schienen besonders gut anzukommen, vor allem jene der Büschelmücken und der Zuckmücken. Dr. Hohenadl schweifte sofort ab. Ja, diese Mückenlarven gab es getrocknet und gepresst im Fachgeschäft. Allerdings gegen Bares. Gäbe es nicht einen Weg, in freier Wildbahn an diese Mückenlarven zu kommen? Noch wertvoller sei die Schwarze Mückenlarve, las er, weil sie viele Vitamine enthalte und dazu noch fischgerechtes Eiweiß. Bachflohkrebse kämen ebenfalls infrage. Immer wieder wurde mit Nachdruck darauf hingewiesen, dass die Fische ja nicht überfüttert werden dürften. Das freute Dr. Hohenadl außerordentlich. Die Tiere waren zum Glück genügsam. Seine Sorge, dass sie von einem Tag auf den andern verhungern würden, war also übertrieben gewesen. Es hätte ihn auch gewundert, wenn sich sein, wie er fand, übertrieben sparsamer Bruder Haustiere zugelegt hätte, die nicht satt zu kriegen wären und große Ausgaben verursacht hätten. Eine Prospektseite hätte Dr. Hohenadl fast übersehen. Er las: »Übrigens kann der Speiseplan aus der Küche sehr gut ergänzt werden. Salat- oder Spinatblätter sind willkommen. Ebenso Karotten- und Gurkenscheiben. Erbsen müssen allerdings gekocht und vor dem Verfüttern einzeln leicht angedrückt werden.« Irgendwas stand da noch von gekochtem Rinderherz. Aber das interessierte Dr. Hohenadl nicht. Er hatte nicht vor, einer Kuh das Herz aus dem Leib zu reißen. Besonders empfohlen wurde, die Eier von Salinenkrebsen zu kaufen und selbst auszubrüten.

Mit all dem Wissen präpariert, machte sich Dr. Hohenadl auf den Weg in die Liechtensteinstraße. Die Verkäuferin mit dem mütterlichen Blick war gerade nicht da. Er wartete und musste immer wieder andere Verkäuferinnen und Verkäufer abwehren, die ihn nach seinen Wünschen fragten. Aber dann tauchte die Frau auf, und er führte ihr die Fotos vor, die er gemacht hatte.

»Das sind Schleien und Rotaugen.«

»Speisefische?«, fragte Dr. Hohenadl spontan.

»Ja, Speisefische. In ein Aquarium gehören sie nicht. Sie werden viel zu groß. Es geht nur, wenn man sie rechtzeitig in ein Außenbecken geben kann.«

»Und sie brauchen wahrscheinlich mehr Futter als andere Fische. Am liebsten gekochtes Rinderherz, vermute ich.«

Dr. Hohenadl fing jetzt einen Dialog an, in dem er alles einbaute, was er sich von den Prospekten gemerkt hatte. Und er lenkte das Gespräch so, dass er noch viel mehr Informationen darüber bekam, wie man sich das Lebendfutter selbst züchtete. Der Blick der Frau nahm an Güte stetig zu, und am Schluss verließ Dr. Hohenadl das Fachgeschäft mit einer Menge von Probepackungen, genug Futter, um die Fische während der Abwesenheit seines Bruders durchzubringen. Sein Gang auf dem Weg zur Straßenbahn hatte übermütigen Schwung. Alles würde er seinem Bruder verrechnen: den Ginsterzweig für die Gruberova, das teure Fischfutter ebenso wie die vielen Fahrten mit den öffentlichen Verkehrsmitteln. Sein Bruder brauchte ja nicht zu wissen, dass das Futter gratis war und die Fahrten lauter Schwarzfahrten. Für seine eigene Zeit und die ausgestandenen Ängste würde er ohnehin nichts verlangen.

Jetzt bewegte ihn vor allem die eine Frage: Wozu betrieb sein Bruder das Aquarium? Das Märchen vom Fernsehersatz und der beruhigenden Wirkung glaubte er ihm nicht, sondern war mehr und mehr davon überzeugt, dass Berechnung dahinter war: Fische vermehrten sich, ohne dass ein Mensch etwas dazu beitragen musste, und sein Bruder und Dörte aßen sie! Und sparten damit Geld! Sie verkauften vielleicht auch welche am Naschmarkt! Dr. Hohenadl traute seinem Bruder zu, das Lebendfutter kostenlos aufzubringen, indem er die Mückenlarven, Wasserflöhe, Kellerasseln und Fliegenmaden selbst heranzog und dazu vielleicht auch noch im Wienerwald nach Regenwürmern suchte. Dr. Hohenadl fand das Projekt, je mehr er darüber nachdachte, sympathisch. Nicht nur sympathisch, sondern auch nachahmenswert. Vor allem wegen des lebenswichtigen Vitamins D. Und wegen der Omega-3 Fettsäuren. Im Moment, da er intensiv daran dachte, glaubte er ganz deutlich zu spüren, wie ihm selbst an beidem mangelte, weil er nichts gegen die Bruchgefahr seiner Knochen unternahm.

Die Fische machten sich gierig darüber her, was er ihnen an Gratisfutter ins Wasser streute. Dr. Hohenadl ließ sie nicht aus den Augen. Er betrachtete sie keineswegs bloß mit interesselosem Wohlgefallen, krempelte einen Ärmel hoch und fasste hinein. Der Zugriff war nicht fest genug, der Fisch flutschte weg. Dr. Hohenadl gab nicht auf, das Jagdfieber hatte ihn gepackt. Die Fische waren blöd genug, sich von seinem Arm im Wasser nicht irritieren zu lassen. Beim zweiten Zupacken hatte er einen, der so überrascht zu sein schien, dass er zunächst gar keinen Befreiungsversuch machte. Sobald ihn Dr. Hohenadl aber aus dem Wasser hob, wand er sich mit allen seinen Kräften. Unmöglich, ihn festzuhalten. Es gab ein sattes Geräusch, als er auf den Boden klatschte. Er vollführte die höchsten Sprünge, als wäre er für eine Zirkusnummer trainiert worden. Dr. Hohenadl machte klägliche Versuche, ihn zu fangen, hatte aber nicht die geringste Chance. Wäre es ihm gelungen, er hätte seine Tötungsabsichten sofort aufgegeben und ihn wieder zurück ins Wasser geworfen. Dr. Hohenadl ging auf allen Vieren und robbte hinter dem Fisch her. Plötzlich fand Schleie oder Rotauge Zuflucht unter der Kommode. Dr. Hohenadl spürte, wie heftig sein Herz schlug. Was war jetzt zu tun? Auf Lockrufe würde der Fisch bestimmt nicht reagieren. Vielleicht auf Plantschgeräusche mit einer Schüssel voller Wasser? Dr. Hohenadl legte seinen Kopf aufs Parkett und linste ins Versteck unter dem Möbelstück. Es war nichts zu sehen, und es rührte sich nichts.

Dr. Hohenadl saß auf dem Boden. Im Aquarium suchten die Fische den Boden nach Futter ab. Ihren Freund schienen sie nicht im Geringsten zu vermissen. Das Futter würde man in den nächsten Tagen reduzieren können, dachte Dr. Hohenadl. Denn nun waren's nur noch fünf. Das ließ sich zum Glück nicht ohne Weiteres überprüfen, weil sich einige stets irgendwo im grünen Gestrüpp versteckt hielten. Der Verlust fiele also, wenn überhaupt, erst viel später einmal auf. Aber der Fisch unter der Kommode ... Er würde vom Kopf an zu stinken beginnen, wie dies unter Fischen üblich ist. Und der Geruch würde von Tag zu Tag intensiver werden. Es gäbe viel Erklärungsbedarf. Ließe sich Dr. Hohenadls plötzliches Verlangen nach Fisch, nach dem lebenswichtigen Vitamin D, von dem er sich hatte hinreißen lassen, überhaupt erklären? Nun ja, ein Stück Fisch als Abgeltung für seine viele Mühe, das war doch nicht übertrieben. Oder?

Die Kommode, Vollholzmöbel, erwies sich als standfest, unverrückbar. Zum Glück fiel ihm der Besenstiel ein. Damit stocherte er unter der Kommode herum, und er hatte das Gefühl, dass er auf der Erfolgsspur war. In den Ohren hörte er das Blut rauschen, von dem langen Liegen auf dem Boden und der Anstrengung wurde ihm schwarz vor den Augen. Er musste eine Pause machen. Nach fast einer Stunde kam der Fisch zum Vorschein. Einiges an Staub klebte an Kopf und Schwanz. Dr. Hohenadl ergriff ihn, eilte mit ihm ins Badezimmer und legte ihn in die Wanne, direkt unter den Strahl des Wasserhahns. Gab es spezielle Wiederbelebungsübungen für Fische? Herzmassagen? Dr. Hohenadl konnte nicht als fantasiearm bezeichnet werden, aber zu diesem Punkt fiel ihm rein gar nichts ein. Auch als die Wanne schon halb voll war, rührte sich der Fisch nicht mehr. Dr. Hohenadl beschloss, ihn mit nach Hause zu nehmen und noch am selben Abend zuzubereiten. Gerade als er ihn in einem Plastikbeutel steckte, hörte er ein Geräusch an der Tür. Offensichtlich wollte jemand herein. Und dann läutete es auch. Dr. Hohenadl öffnete, eine Frau betrat vorsichtig und misstrauisch die Wohnung. »Was machen Sie da?«, fragte sie.

»Wer sind Sie?«

»Dasselbe könnte ich Sie auch fragen? Ich bin die Haushälterin.«

»Entlassen aus dem Krankenhaus?«

Dr. Hohenadl stellte sich vor und war heilfroh, dass er die Verantwortung für die Wohnung und für die Fische ab sofort an die offenbar wiederhergestellte Frau Gruberova abgeben konnte. Ähnlichkeiten mit der im Koma liegenden Patientin, die er im AKH besucht hatte, konnte er nicht feststellen.

»Ich habe Futter besorgt.«

Frau Gruberova sah sich um, als wäre sie noch nicht hundertprozentig überzeugt, es nicht doch mit einem Einbrecher zu tun zu haben. Besondere Aufmerksamkeit schenkte sie dem Aquarium. Zählte sie die Fische?

»Haben Sie schon gebadet, oder gehen Sie noch ins Wasser?«, rief sie aus dem Bad.

»Ist alles in Ordnung, Sie können das Wasser auslassen.«

Er gab ihr die Schlüssel und verabschiedete sich. Frau Gruberova blickte ein wenig verstört auf den Plastikbeutel in seiner Hand. Roch sie was?

Zu Hause nahm er den Fisch aus, briet ihn und aß ihn lustlos. War das nun ein Rotauge gewesen oder eine Schleie? Den Gedanken an eine eigene Fischzucht verwarf er. Er fand den Geschmack des blassen Fleisches banal. Vielleicht hatte er aber aus lauter Sparsamkeit zu wenig gewürzt.

Dr. Hohenadl
gibt sich die größte Mühe

Als damals Hunderttausende Flüchtlinge über die österreichische Grenze kamen, durchlebte Dr. Hohenadl schwere Zeiten. Die Nahaufnahmen Abend für Abend im Fernsehen von den Menschen, die alles hinter sich gelassen hatten und einer ungewissen Zukunft entgegengingen, konnte er kaum ertragen. Die Aussagen, wonach mit dem Zuzug so vieler Fremder dem Abendland der Garaus gemacht werden würde, hörte er zwar immer wieder, ließ sie aber gar nicht in seinem Bewusstsein ankommen. Ebenso wenig die vielen Sätze, die von Unterwanderung durch Radikale und von der Einschleppung lebensbedrohlicher Krankheiten sprachen. Wenn kleine Flüchtlingskinder ins Bild kamen, die im Matsch spielten – viele von ihnen seien »unbegleitet«, hieß es –, wandte er sich von seinem Fernsehapparat ab, weil seine Nerven zu schwach waren.

Zugleich spürte er immer drängender eine tiefe Unzufriedenheit mit seiner eigenen Untätigkeit. Wie bequem war es, vom Fauteuil aus in einem gut geheizten, mit allen Annehmlichkeiten ausgestatteten Raum das Elend anderer zu betrachten. Dr. Hohenadl fühlte sich dabei gar nicht gut. Er spürte nicht bloß Unbehagen, vielmehr Schuld. Andauernd hörte er die Meldungen darüber, wie dringend Hilfe und vor allem Unterkünfte gebraucht würden. Das waren Meldungen, die in seinen Ohren klangen wie ein massiver Vorwurf. Warum er den Anblick von dicht an dicht angeordneten Notbetten in Turnhallen und Lagerhäusern nicht ertragen konnte, hatte einen einfachen Grund: Er selbst lebte als Einzelmensch in einer Wohnung mit hundertsechszig Quadratmetern. Täglich sah er sich in den Räumen um und fragte sich, wie es wäre, wenn er sich einschränken müsste. Diese Überlegungen kamen in Gang, weil sich die Gerüchte verdichteten, es könnte zu Zwangsmaßnahmen kommen, zu Zuweisungen. In seiner Vorstellung sah er eine Kommission vor der Tür stehen, Abgesandte des Magistrats, die eine behördliche Genehmigung vorwiesen, die Wohnung zu betreten. Wie eine Arztvisite würden sie von Zimmer zu Zimmer gehen, und der Anführer würde einen Text in das am Kragen seines Jacketts fixierte Mikrofon sprechen.

Nein, eine derartige Szene wollte er auf keinen Fall erleben. Es würde sich anfühlen, als sollte er vorgeführt, jedenfalls empfindlich gedemütigt werden. Seine Überzeugung, dass er einer Zuweisung nicht entgehen würde, nahm immer festere Formen an. Gab es eine Möglichkeit, sie abzuwenden? Nach längerem Nachdenken fiel ihm das Wort *Eigenbedarf* ein. Gut, aber wie wollte er mit *Eigenbedarf* argumentieren? Würde man mehrere Haustiere als Argument gelten lassen? Diesen Gedanken verwarf er sehr schnell wieder. Zimmer voller Hunde oder Katzen konnte er sich nicht vorstellen. Nicht lang hätte es gedauert, bis er wegen der enormen Kosten für das Futter im Armenhaus gelandet wäre. Ja, es gab einmal eine Zeit, als er eine beträchtliche Menge Hamsterkäfige besessen hatte, weil er sie für die Erzeugung von sehr günstigem Nachtstrom gebraucht hatte. Aber diese Episode war schon lange her.

Wahrscheinlich hätte die Kommission des Magistrats die Argumente, von denen er sich damals hatte leiten lassen, gar nicht verstanden.

Und wie wäre es, wenn er – selbstverständlich nur vorübergehend – jemand aus seiner großen Verwandtschaft aufnähme? Im Kopf ging er durch, wer dafür infrage käme. Er kam auf keinen grünen Zweig. Es war niemand darunter, den oder die er mehr als ein paar Tage ausgehalten hätte. Und welche Mutmaßungen würde er unter seiner Sippschaft auslösen, wollte er den einen oder anderen dazu drängen, bei ihm einzuziehen? Nicht auszudenken!

Dr. Hohenadl beendete alle diese Überlegungen und ermahnte sich, nicht länger Gründe vorzuschieben, die ihn einer zutiefst menschlichen Pflicht entheben würden. Seinem Gewissen könnte er ja doch nichts vormachen. In den Fernsehberichten wurden immer wieder Beispiele gezeigt, wie sich ehrenamtliche Helfer ins Zeug legten. Wenn an manchen Abenden in den Unterkünften sämtliche Plätze belegt waren, nahmen manche dieser Helfer einige Notleidende mit nach Hause. Die Spitzen des Staats eilten herbei, um sich bei den ehrenamtlichen Unterstützern zu bedanken. Die bekamen dann später vielleicht sogar irgendwelche Urkunden.

Auf Dr. Hohenadl machte das tiefen Eindruck. Er hielt es nicht länger aus, untätig zu sein, aber Hals über Kopf wollte er sich auch nicht in das Abenteuer einer eigenen Hilfsaktion stürzen. Er wollte nicht an die Grenze fahren, um zu sehen, wie die Flüchtlinge ins Land hereinströmten, aber zum Westbahnhof war es nicht weit, und dort sah er das Menschengedränge. Männer mit gelben Jacken, ein Megafon vor dem Mund, versuchten, die Massen zu organisieren. Er schämte sich, weil er nur als Beobachter da war, ohne die Aufgaben eines Helfers. Am meisten beeindruckten ihn die Mütter mit kleinen Kindern. Es fehlte nicht viel, und er hätte eine Kleinfamilie mit sich nach Hause genommen. Doch er wollte der Vernunft eine Chance geben und hielt Ausschau nach zwei jungen Männern. Zwei junge Männer traute er sich zu. Mit ihnen glaubte er, in seiner Wohnung zurechtkommen zu können. Die Auswahl war riesig, denn die jungen Männer waren hier in der Überzahl.

Dr. Hohenadl wollte nichts übereilen und ging wieder nach Hause. Aber schon am nächsten Tag war er im Asylzentrum in der Mariannengasse und erklärte dort einem Mann, was er vorhatte. Man war sehr freundlich und bot ihm sogar an, sich die zwei jungen Männer aussuchen zu können. Das wollte Dr. Hohenadl nicht, er wäre sich vorgekommen wie ein Menschenhändler. Er bekam etliche Fragebögen, die seine Wohnung betrafen und die er umgehend ausfüllen sollte. Selbstverständlich war er damit einverstanden, dass am folgenden Tag eine Überprüfung seiner Angaben an Ort und Stelle stattfinden würde.

Während dieser Visitation wies Dr. Hohenadl auf das Gästezimmer hin, die sanitären Einrichtungen wurden überprüft, ebenso die Küche. In die Schränke schauten sie nicht. Bereits zwei Tage später kamen seine zwei Schützlinge, Nuri hieß der Jüngere, Rami der Ältere, begleitet von einem Mann des Asylzentrums. Jeder hatte eine Tasche. Ihr Begleiter, der gerade noch sagte, dass die beiden aus Aleppo seien, machte auf dem Fuß kehrt und war weg. Dr. Hohenadl sah sich seine beiden künftigen Mitbewohner, die ein bisschen verlegen dastanden, an. Er fand sie sympathisch.

»Ahlan wa-sahlan«, sagte Dr. Hohenadl. Das hatte er am Vortag einstudiert, aber damit erschöpften sich seine Kenntnisse des Arabischen. Es stellte sich heraus, dass Rami ein bisschen Englisch konnte. Er zeigte ihnen ihr Zimmer, das Bad und die Toilette. Handtücher hatte er ihnen hergerichtet.

Dann ging er in die Küche, um die Gemüsesuppe aufzuwärmen, die er schon am frühen Vormittag vorgekocht hatte. Die Unterhaltung während des Essens verlief mühsam. Am meisten redeten die beiden untereinander. Von der Suppe blieb nichts übrig. Es hätte mehr sein können. Sie bedankten sich ausführlich. Dr. Hohenadl hatte sich für den nächsten Tag ausgedacht, mit den beiden in die Stadt zu gehen. Sie sollten die Besonderheiten Wiens kennenlernen. Sie gingen widerspruchslos mit. Dr. Hohenadl hakte eine Sehenswürdigkeit nach der anderen ab. Nuri und Rami langweilten sich. Was tun? Abbrechen? Dr. Hohenadl schlug die Richtung Naschmarkt ein, weil er annahm, die basarähnliche Atmosphäre dort würde in ihnen heimatliche Gefühle wecken. Tatsächlich wirkten die beiden erleichtert, und Dr. Hohenadl konnte sich seine Rolle als Fremdenführer sparen. Schnurstracks gingen sie auf einen Stand mit schwarzen Jacken, Stiefeln und Mützen zu. Von zwei Männern dort wurden sie herzlich begrüßt. Und dann fing ein Palaver an, das kein Ende fand. Irgendwann einmal deuteten Nuri und Rami auf Dr. Hohenadl. Der nickte und grinste. Er bedeutete ihnen, dass er nach Hause gehen wolle, weil ja nun wohl alles nach ihren Vorstellungen verlaufe.

Dr. Hohenadl glaubte, sich ans Kochen machen zu müssen. Es sollte wieder Gemüsesuppe geben. Sein schlechtes

Gewissen wegen der Not der Flüchtlinge und seinem Wohlleben in einer großen Wohnung hatte sich schon ein bisschen gelegt.

Sie kamen erst nach fünf Stunden wieder. Dr. Hohenadl wärmte die Gemüsesuppe auf. Anschließend begaben sich die beiden ins Badezimmer. Der eine duschte über eine halbe Stunde, der andere noch länger. Dr. Hohenadl stand vor der Türe und raufte sich die Haare. Der letzte Tropfen warmen Wassers musste den Boiler eigentlich schon verlassen haben.

Am nächsten Tag trug er zwei Taschen voller Gemüse nach Hause. Nuri und Rami saßen im Wohnzimmer und hatten den Sender *Al Jazeera* laut aufgedreht. Dr. Hohenadl verzog sich in die Küche. Beim Essen überraschte Rami mit dem Vorschlag, das nächste Mal selbst zu kochen.

Am Abend wiederholten die beiden ihre Prozedur im Bad. Dichter Dampf strömte aus dem Raum, als sie nach eineinhalb Stunden fertig waren. Dr. Hohenadl hatte längst im Kopf überschlagen, wie seine Stromrechnung am Ende des Monats aussehen würde. Er ging früh zu Bett, um selbst noch mehr als sonst zu sparen, während es sich die beiden Gäste im Wohnzimmer vor dem Fernsehapparat gemütlich machten. Seit sie da waren, hatte er keine Nacht durchgeschlafen, dafür viel über arabische Musik gelernt. Sie drang unüberhörbar aus ihrem Zimmer. Dr. Hohenadl hoffte, sich daran gewöhnen zu können, vielleicht sogar ihren gut getarnten Schönheiten auf die Spur zu kommen. Sein Allgemeinzustand verschlechterte sich zusehends, und er verfiel aus lauter Übermüdung tagsüber immer öfter in tranceartige Zustände. Die Listen, auf denen er den Mehraufwand der Haushaltsführung verzeichnete, umfasste schon über sechs eng beschriebene Seiten.

Das Essen am nächsten Tag war tatsächlich eine Überraschung. Drei Stunden hatten die beiden in der Küche gewerkt, bis auf den Tisch kam, was sie übereinstimmend *Lahma b ajin* nannten. Schmeckte sehr arabisch und war scharf. In der Küche glitt Dr. Hohenadl auf dem öligen Boden aus und verletzte sich am rechten Knie, bevor er sich daran machte, das dort herrschende Chaos – offenbar waren sämtliche der verfügbaren Utensilien benötigt worden – in den Griff zu bekommen.

Als einmal zwei Landsleute vom Nachmarkt zu Besuch kamen – einer hatte einen Gebetsteppich unter dem Arm –, blieben sie die ganze Nacht, denn sie hatten sich, wie an ihrer lautstarken Unterhaltung zu merken war, unendlich viel zu sagen und waren, so wie es sich anhörte, oft unterschiedlicher Meinung.

Der Mann vom Asylzentrum kam überraschend. Und das wäre für Dr. Hohenadl der Moment gewesen zu sagen, dass er sich in jeder Hinsicht überfordert und erschöpft fühle. Das schlechte Gewissen wegen seines Wohllebens im Vergleich zu den bedauernswerten Flüchtlingen war inzwischen wie weggeblasen. Kein Wort in diese Richtung brachte er heraus. Abends setzte Rami zu einer Erklärung an. Er sprach von seinen und von Nuris Verwandten, die inzwischen ebenfalls auf dem Weg nach Mitteleuropa seien. Das Wort *Familiennachzug* fiel Dr. Hohenadl ein, und er erschrak. Die beiden verstanden seine Verstörung nicht. Es handle sich um lediglich vierzehn Leute, sechs davon Kinder. Sie seien durchwegs anspruchslos und würden sich auch ganz bestimmt mit Gemüsesuppe und mit Matratzen auf dem Boden begnügen. Und das ohnehin nur für zwei, drei Wochen. Sie hätten sich nämlich entschlossen, nach

Schweden weiterzureisen. Dort könnten sie voraussichtlich bei entfernt Verwandten unterkommen. Dann zeigten sie Dr. Hohenadl anhand einer Skizze ihre Einteilung der Liege-plätze in seiner Wohnung für die nachkommenden Fami-lien, die bald eintreffen würden. Das hätte ihn interessieren sollen, aber ausgerechnet in dem Moment erlitt Dr. Hohen-adl einen Schwächeanfall, es schwanden ihm die Sinne. Nuri und Rami waren überzeugt, dass der Grund dafür das für ihn ungewohnte, ziemlich scharf gewürzte syrische Essen, *Lahma b ajin*, war.